PAPA FRANCISCO

A IGREJA
DA
MISERICÓRDIA
Minha visão para a Igreja

Organização
GIULIANO VIGINI

2ª reimpressão

Copyright © 2014 by Periodici San Paolo s.r.l.
Via Giotto, 36 — 20145 Milano
www.famigliacristiana.it

Copyright © 2014 by Edizioni San Paolo s.r.l.
Piazza Soncino, 5 — 20092 Cinisello Balsamo (Milano)
www.edizionisanpaolo.it

Copyright © 2014 by Libreria Editrice Vaticana
00120 Città del Vaticano
www.libreriaeditricevaticana.com

A Editora Paralela é uma divisão da Editora Schwarcz S.A.

*Grafia atualizada segundo o Acordo Ortográfico
da Língua Portuguesa de 1990, que entrou em vigor
no Brasil em 2009.*

TÍTULO ORIGINAL La Chiesa della misericordia
RESPONSÁVEL PELA EDIÇÃO Diego F. Rosemberg
CAPA Claudia Espínola de Carvalho
FOTO DE CAPA: Alessandra Benedetti/ Corbis/ Latinstock
PREPARAÇÃO Quezia Cleto
TRADUÇÃO DO PREFÁCIO Cristina Mariani
REVISÃO Larissa Lino Barbosa e Renato Potenza Rodrigues

Dados Internacionais de Catalogação na Publicação (CIP)
(Câmara Brasileira do Livro, SP, Brasil)

Francisco, Papa
  A Igreja da Misericórdia : minha visão para a Igreja /
Papa Francisco ; organização Giuliano Vigini ; [tradução
do prefácio Cristina Mariani]. — 1ª ed. — São Paulo :
Paralela, 2014.

  Título original: La Chiesa della misericordia.
  ISBN 978-85-65530-93-4

  1. Catolicismo 2. Cristianismo 3. Evangelização
4. Igreja Católica 5. Misericórdia I. Vigini, Giuliano.
II. Título.

14-02179   CDD-269.2

  Índice para catálogo sistemático:
1. Evangelização : Cristianismo 269.2

[2016]
Todos os direitos desta edição reservados à
EDITORA SCHWARCZ S.A.
Rua Bandeira Paulista, 702, cj. 32
04532-002 — São Paulo — SP
Telefone (11) 3707-3500
Fax (11) 3707-3501
www.editoraparalela.com.br
atendimentoaoleitor@editoraparalela.com.br

Sumário

Prefácio 7

1. A novidade de Cristo 11
   O abraço da misericórdia de Deus 11
   A luz da fé 14
   A mensagem cristã 15
   A revolução da liberdade 17
   Estar com Cristo 19

2. Uma Igreja pobre para os pobres 25
   Ouvir o clamor dos pobres 25
   Casa de comunhão 27
   Casa que acolhe a todos 30
   Casa da harmonia 33
   Enviada para levar o Evangelho a todo o mundo 35

3. Em sintonia com o Espírito 39
   Ser guiado pelo Espírito Santo 39
   Novidade, harmonia, missão 42

4. O Anúncio e o testemunho 47
   Não ter medo 47
   Levar a Palavra de Deus 48

Chamados para anunciar o Evangelho 51
Comunicar esperança e alegria 54
Entregar tudo 56

5. Cristãos o tempo todo 59
   Sairmos de nós mesmos 59
   Caminhar 62
   Tomar a cruz 63
   Evangelizar 66

6. Pastores com o cheiro das ovelhas 69
   O que significa ser pastor 69
   Sacerdotes para servir 73
   Levar a unção ao povo 75

7. A escolha dos últimos 79
   A periferia da existência 79
   Acolher e servir 81
   Os refugiados 82
   A amplitude da solidariedade 84

8. Demolir os ídolos 87
   A lógica do poder e da violência 87
   Culto ao deus do dinheiro 88
   A lepra do carreirismo 90
   Despojar o espírito do mundo 90

9. A cultura do bem 93
   Liberdade para escolher o bem 93
   Fome de dignidade 95
   Compromisso com a paz 97
   Por uma nova solidariedade 98

10. Maria, mãe da evangelização 101
    O seu exemplo 101
    A sua fé 103
    A sua intercessão 106

Sobre o papa Francisco 111
Notas 115

Prefácio

Um ano após o início de seu pontificado, o desenho eclesial e pastoral do papa Francisco aparece bem delineado. Se desde o início estava claro — pelas palavras, gestos e pelas decisões — a perspectiva e impressão que Francisco queria dar ao seu ensinamento, ao longo dos meses, gradualmente sua visão foi ampliada e consolidada, até se tornar um horizonte amplo para a vida da Igreja. Com a Exortação Apostólica *Evangelii gaudium*, em 24 de novembro de 2013, o papa apresentou uma ampla e abrangente síntese dos pontos essenciais do projeto, escrevendo a *magna carta* da ação programática para os próximos anos. Nas palavras da Exortação Apostólica — que, pela visão global e pela riqueza do conteúdo exposto configura-se como uma verdadeira Carta Encíclica — há, de fato, uma cara missionária para a Igreja, especialmente o novo modo de "ser Igreja" que o papa gostaria de ver, através de um anúncio e um testemunho cristão cada vez mais puro e fiel ao Evangelho.

Claro, Francisco está ciente — como ele lembrou também ao episcopado brasileiro, em 27 de julho de 2013, quando invocou o *Documento de Aparecida* — de que os pobres pescadores da Igreja têm frágeis barcos e redes remendadas e que muitas vezes, pelo cansaço, não conseguem pescar nada. Mas eles sabem muito bem que, sendo sempre Deus quem age, e conduz ao cumprimento, a força da Igreja não reside na capacidade de seus homens e dos seus meios — que os une a outros mais fracos e insuficientes, e que "se escondem em águas profundas de Deus, nas quais são chamados a lançar as redes".

Como devem ser lançadas essas redes é justamente o núcleo central da pregação e da missão apostólica de Francisco. Em sua essência, esta coleção de escritos é a estrutura dentro da qual se revela um caminho eclesial e pastoral bem definido, o primeiro ensinamento — quase um sinal do caminho a ser seguido — da palavra-chave, que a partir do título, foi colocado como um selo em tudo: a misericórdia. A Igreja de Francisco quer ser reconhecida, antes de qualquer outro aspecto, como a casa de misericórdia, que, no que diz respeito ao diálogo entre a fraqueza dos homens e a paciência de Deus, acolhe, acompanha e ajuda a encontrar a "boa notícia" da grande esperança cristã. Porque quem entra nessa casa e se deixa envolver da misericórdia de Deus, além de não se sentir sozinho e abandonado, descobre o significado de uma existência plena, iluminada pela fé e pelo amor do Deus vivo: o Cristo morto e ressuscitado está sempre presente na sua Igreja. Aquele que se encontra com ele e continua com ele aprende a gramática da vida cristã e, em primeiro lugar, a necessidade do perdão e da reconciliação, da fraternidade e do amor que os cristãos têm a tarefa de reverberar em todo o mundo como testemunhas alegres da misericórdia de Deus. Não se trata apenas de expressar sentimentos de compreensão, compaixão e proximidade a todos os que vivem em situações de sofrimento físico ou moral, mas de entrar profundamente em suas realidades, com toda a ternura, a generosidade e a solidariedade para assumir a responsabilidade total perante as dificuldades dos outros, trazendo consolação, esperança e coragem para perseverar no caminho do Senhor, e da vida.

A novidade da vida cristã é o próprio Cristo, sua palavra de salvação e de vida, porque Ele é a salvação e a vida. A Igreja confessa essas verdades essenciais da fé, para que cada um, com a plenitude da vida sacramental, encontre a orientação e o suporte para viver como um cristão, tendo como meta a santidade. As etapas para atingir esse objetivo são: escutar, anunciar e testemunhar o Evangelho. Evangelizar é, em primeiro lugar, esse movimento de conversão, a saída e o caminho que Francisco não se cansa de recomendar a todos a começar pelos sacerdotes, "ungidos para ungir", chamados para receber e servir, exortados a não ter medo de ir para as fronteiras e periferias, onde estão os pobres, os marginalizados, os esquecidos.

A atenção aos mais pobres — fisicamente, espiritualmente e humanamente pobres — não surge principalmente do fato de se tratar de um problema econômico, social ou pastoral, mas do conhecimento fundamental de que o Deus-Amor, que se tornou pobre entre os pobres, lhes deu um lugar privilegiado na sua vida e no seu ministério. A "Igreja pobre para os pobres" do papa Francisco é, consequentemente, um princípio norteador que orienta e qualifica, no sentido evangélico, a escolha da pobreza e o serviço aos pobres, continuando assim a maravilhosa história da caridade da Igreja, que ao longo dos séculos sempre foi instrumento de libertação, inclusão e promoção dos pobres, tendo a perspectiva da liberdade e do amor de Cristo. Ele não só oferece uma solidariedade concreta, estável e generosa, mas está ativamente encarregado, também para afirmar a dignidade da pessoa, da busca pela justiça, a fim de construir uma civilização em que todos têm o direito de serem chamados de "humanos".

Aqui se encontra, inevitavelmente, na visão eclesial e pastoral de Francisco, a sua ideia sobre o homem e a sociedade. O seu é um discurso articulado, paralelo, mas que interage com o resto; um discurso direto e forte, que abala a consciência para atingir o coração "endurecido" de uma sociedade fechada para a cultura do encontro e do bem, condições necessárias da fraternidade, da paz e do viver. Até que sejam derrubados os ídolos chamados de: poder, dinheiro, corrupção, carreirismo, egoísmo, indiferença e, resumidamente, "o espírito do mundo", é impossível continuar na direção desejada de um mundo melhor.

Todos esses conceitos, muitas vezes reiterados e ilustrados com extensão e eficácia sintética também na Exortação *Evangelii gaudium*, indicam uma postura que assume novos horizontes prioritários do caminho da Igreja e, para isso, remove certos compromissos pastorais. Nesse esforço, é o próprio papa, com a sua palavra e o seu exemplo, que assume a liderança e indica o novo ritmo, dia após dia, o que é cada vez mais urgente.

O seu objetivo é fazer com que as pessoas entendam que não pode haver cristianismo autêntico e crível, vivido segundo o espírito do Evangelho, se a realidade do indivíduo e da comunidade cristã é representada por uma fé adormecida e cansada, sem batimento vital; se estiver estagnado dentro das paredes do coração ou dos templos; se a Igreja adoece ou envelhece, porque está muito habituada a olhar dentro de si mesma em vez de abrir as portas e enfrentar os desafios do mundo, mesmo com o risco de queda ou de sofrer algum incidente de percurso. A partir daí, o seu incessante apelo é para eliminar a burocracia e a impureza, a hipocrisia e as omissões que comprometem a credibilidade do testemunho cristão, e, ao mesmo tempo, a sua vontade de reformar e renovar as estruturas da Igreja para torná-las mais adequadas para os seus objetivos e para as funções que devem ser executadas.

Em essência, trata-se de purificar, renovar e revitalizar a vida da Igreja, com discernimento eclesial e pastoral que permitirá recuperar a essência do seu mandato missionário, iluminado pelo Espírito Santo e com a intercessão de Maria, mãe da evangelização.

Giuliano Vigini

1
A novidade de Cristo

O ABRAÇO DA MISERICÓRDIA DE DEUS

A *misericórdia* de Deus: como é bela essa realidade da fé para a nossa vida! Como é grande e profundo o amor de Deus por nós! É um amor que não falha, que sempre segura a nossa mão, nos sustenta, levanta e guia. No Evangelho de João,[1] o apóstolo Tomé experimenta precisamente a misericórdia de Deus, que tem um rosto concreto: o de Jesus, de Jesus Ressuscitado. Tomé não confia nos demais apóstolos, quando lhe dizem: "Vimos o Senhor"; para ele, não é suficiente a promessa de Jesus que havia anunciado: ao terceiro dia ressuscitarei. Tomé quer ver, quer colocar a sua mão no sinal dos cravos e no peito. E qual é a reação de Jesus? A *paciência*: Jesus não abandona Tomé relutante na sua incredulidade; dá-lhe uma semana de tempo, não fecha a porta, espera. E Tomé acaba por reconhecer a sua própria pobreza, a sua pouca fé. "Meu Senhor e meu Deus": com essa invocação simples, mas cheia de fé, responde à paciência de Jesus. Deixa-se envolver pela misericórdia divina, vê-a a sua frente, nas feridas das mãos e dos pés, no peito aberto, e readquire a confiança: é um homem novo, já não incrédulo mas crente.

Recordemos também o caso de Pedro: por três vezes renega Jesus, precisamente quando Lhe devia estar mais unido; e, quando chega ao fundo, encontra o olhar de Jesus que, com paciência e sem palavras, lhe diz: "Pedro, não tenhas medo da tua fraqueza, confia em Mim". E Pedro compreende, sente o olhar amoroso de Jesus e chora... Como é belo esse olhar de Jesus! Quanta ternura! Irmãos e irmãs, não percamos jamais a confiança na paciente misericórdia de Deus!

Pensemos nos dois discípulos de Emaús: o rosto triste, passos vazios, sem esperança. Mas Jesus não os abandona: percorre juntamente com eles a estrada. E não só; com paciência, explica as Escrituras que a Si se referiam e para na casa deles, partilhando a refeição. Este é o estilo de Deus: não é impaciente como nós, que muitas vezes queremos tudo e imediatamente, mesmo quando se trata de pessoas. Deus é paciente conosco, porque nos ama; e quem ama compreende, espera, dá confiança, não abandona, não derruba as pontes, sabe perdoar. Recordemos na nossa vida de cristãos: Deus sempre espera por nós, mesmo quando nos afastamos! Ele nunca está longe e, se voltarmos para Ele, está pronto para nos abraçar.

Causa-me sempre grande impressão a releitura da parábola do pai misericordioso; impressiona-me pela grande esperança que sempre me dá. Pensai naquele filho mais novo, que estava na casa do pai, era amado; e, todavia, deseja a sua parte da herança; abandona a casa, gasta tudo, chega ao nível mais baixo, mais distante do pai; e, quando tocou o fundo, sente saudades do calor da casa paterna e regressa. E o pai? Teria ele esquecido o filho? Não, nunca! Está lá, avista-o ao longe, tinha esperado por ele todos os dias, todos os momentos: como filho, sempre esteve no seu coração, apesar de tê-lo deixado e malbaratado todo o patrimônio, isto é, a sua liberdade; com paciência e amor, com esperança e misericórdia, o pai não tinha deixado nem um instante sequer de pensar nele, e logo que o vê, ainda longe, corre ao seu encontro e o abraça com ternura – a ternura de Deus –, sem uma palavra de censura: voltou! Isso é a alegria do pai; naquele abraço ao filho, está toda essa alegria: voltou! Deus sempre espera por nós, não se cansa. Jesus mostra-nos essa paciência misericordiosa de Deus, para sempre reencontrarmos confiança, esperança! Um grande teólogo alemão, Romano Guardini, dizia que Deus responde à nossa fraqueza com a sua paciência e isso é o motivo da nossa confiança, da nossa esperança.[2] É uma espécie de diálogo entre a nossa fraqueza e a paciência de Deus – um diálogo, que, se entrarmos nele, nos dá esperança.

Gostaria de sublinhar outro elemento: a paciência de Deus deve encontrar em nós *a coragem de regressar a Ele*, qualquer que seja o erro, qualquer que seja o pecado na nossa vida. Jesus convida Tomé a colocar a mão em suas chagas das mãos e dos pés e na ferida do peito. Nós também podemos entrar nas chagas de Jesus, podemos tocá-Lo realmente; isso acontece todas as vezes que recebemos, com fé, os Sacramentos. São Bernardo diz numa bela Homilia: "Por essas feridas [de Jesus], posso saborear o mel dos rochedos[3] e o azeite da rocha duríssima, isto é, posso saborear e ver como o Senhor é bom".[4] É justamente nas chagas de Jesus que vivemos seguros, nelas se manifesta o amor imenso do seu coração. Tomé o compreendera. São Bernardo pergunta: Mas, com que poderei contar? Com os meus méritos? Todo "o meu mérito está na misericórdia do Senhor. Nunca serei pobre de méritos, enquanto Ele for rico de misericórdia: se são abundantes as misericórdias do Senhor, também são muitos os meus méritos".[5] É importante a coragem de me entregar à misericórdia de Jesus, confiar na Sua paciência, refugiar-me sempre nas feridas do Seu amor. São Bernardo chega a afirmar: "E se tenho consciência de muitos pecados? 'Onde abundou o pecado, superabundou a graça'".[6,7] Talvez algum de nós possa pensar: o meu pecado é tão grande, o meu afastamento de Deus é como o do filho mais novo da parábola, a minha incredulidade é como a de Tomé; não tenho coragem para voltar, para pensar que Deus possa me acolher e esteja à espera precisamente de mim. Mas é precisamente por ti que Deus espera! Só te pede a coragem de ires ter com Ele. Quantas vezes, no meu ministério pastoral, ouvi repetir: "Padre, tenho muitos pecados"; e o convite que sempre fazia era este: "Não temas, vai ter com Ele, que está a tua espera; Ele resolverá tudo". Ouvimos tantas propostas do mundo ao nosso redor; mas nos deixemos conquistar pela proposta de Deus: a proposta Dele é uma carícia de amor. Para Deus, não somos números; somos importantes, somos o que Ele tem de mais importante; apesar de pecadores, somos aquilo que Lhe é mais caro.

A LUZ DA FÉ

Por isso, urge recuperar o caráter de luz que é próprio da fé, pois, quando a sua chama se apaga, todas as outras luzes acabam também por perder o seu vigor. De fato, a luz da fé possui um caráter singular, sendo capaz de iluminar toda a existência do homem. Ora, para que uma luz seja tão poderosa, não pode brotar de nós mesmos; tem de vir de uma fonte mais originária, deve porvir, em última análise, de Deus. A fé nasce no encontro com o Deus vivo, que nos chama e revela o seu amor: um amor que nos precede e sobre o qual podemos nos apoiar para construir solidamente a vida. Transformados por esse amor, recebemos olhos novos e experimentamos que há Nele uma grande promessa de plenitude e nos abre a visão do futuro. A fé, que recebemos de Deus como dom sobrenatural, aparece-nos como luz para a estrada, orientando os nossos passos no tempo. Por um lado, provém do passado: é a luz de uma memória basilar — a da vida de Jesus —, onde o seu amor se manifestou plenamente confiável, capaz de vencer a morte. Mas, por outro lado e ao mesmo tempo, dado que Cristo ressuscitou e nos chama de além da morte, a fé é luz que vem do futuro, que abre diante de nós horizontes grandes e nos leva a ultrapassar o nosso "eu" isolado abrindo-o à amplitude da comunhão. Desse modo, compreendemos que a fé não mora na escuridão, mas é uma luz para as nossas trevas.

A luz do amor, própria da fé, pode iluminar as perguntas do nosso tempo acerca da verdade. Muitas vezes, hoje, a verdade é reduzida à autenticidade subjetiva do indivíduo, válida apenas para a vida individual. Uma verdade comum nos dá medo, porque a identificamos com a imposição intransigente dos totalitarismos; mas, se ela é a verdade do amor, se é a verdade que se mostra no encontro pessoal com o Outro e com os outros, então fica livre da reclusão no indivíduo e pode fazer parte do bem comum. Sendo a verdade de um amor, não é verdade que se impõe pela violência, não é verdade que esmaga o indivíduo. Nascendo do amor pode chegar ao coração, ao centro pessoal de cada homem. Daqui resulta claramente que a fé não é intransigente, mas cresce na convivência que respeita o outro. O crente não é arrogante; pelo contrário, a verdade o torna humilde, sabendo que, mais do que possuí-la , é ela que nos abraça e possui. Longe de nos endurecer, a segurança da fé nos põe a caminho e torna possível o testemunho e o diálogo com todos.

A MENSAGEM CRISTÃ

No Evangelho da Vigília Pascal, encontramos em primeiro lugar as mulheres que vão ao sepulcro de Jesus levando perfumes para ungir o corpo Dele.[1] Elas vão cumprir um gesto de piedade, de afeto, de amor, um gesto tradicionalmente feito a um ente querido falecido, como nós também fazemos. Elas tinham seguido Jesus, ouviram-No, sentiram-se compreendidas na sua dignidade e acompanharam-No até o fim no Calvário e no momento em que desceram o seu corpo da cruz. Podemos imaginar os sentimentos delas enquanto caminham para o túmulo: tanta tristeza, tanta pena porque Jesus as deixara; morrera, a sua história terminara. Agora voltavam à vida que levavam antes. Contudo, nas mulheres, continuava o amor, e foi o amor por Jesus que as impelira a ir ao sepulcro. Mas, chegadas lá, verificam algo totalmente inesperado, algo de novo que lhes transforma o coração e os seus planos e subverterá a sua vida: veem a pedra removida do sepulcro, aproximam-se e não encontram o corpo do Senhor. O caso deixa-as perplexas, hesitantes, cheias de interrogações: "Que aconteceu?", "Que sentido tem tudo isto?".² Porventura não se dá o mesmo também conosco, quando acontece qualquer coisa de verdadeiramente novo na cadência diária das coisas? Paramos, não entendemos, não sabemos como enfrentá-la. Frequentemente temos medo da *novidade*, incluindo a novidade que Deus nos traz, a novidade que Deus nos pede. Fazemos como os apóstolos, no Evangelho: muitas vezes preferimos manter as nossas seguranças, parar junto de um túmulo, com o pensamento num defunto que, no fim das contas, vive só na memória da história, como as grandes figuras do passado. Tememos as surpresas de Deus. Queridos irmãos e irmãs, na nossa vida, temos medo das surpresas de Deus! Ele não cessa de nos surpreender! O Senhor é assim.

Irmãos e irmãs, não nos fechemos à novidade que Deus quer trazer à nossa vida! Muitas vezes sucede que nos sentimos cansados, desiludidos, tristes, sentimos o peso dos nossos pecados, pensamos que não conseguiremos. Não nos fechemos em nós mesmos, não percamos a confiança, não nos demos jamais por vencidos: não há situação que Deus não possa mudar; não há pecado que não possa perdoar, se nos abrirmos a Ele.

Mas voltemos ao Evangelho, às mulheres, para vermos mais um ponto. Elas encontram o túmulo vazio, o corpo de Jesus não estava lá. Algo de novo acontecera, mas ainda nada de claro resulta de tudo aquilo: ele levanta questões, as deixa perplexas, sem oferecer uma resposta. E eis que aparecem dois homens em trajes resplandecentes, dizendo: "Por que buscais o Vivente entre os mortos? Não está aqui; ressuscitou!".³ E aquilo que começara como um simples gesto, certamente cumprido por amor — ir ao sepulcro —, transforma-se em acontecimento, e num acontecimento tal que muda verdadeiramente a vida. Nada mais permanece como antes, e não só na vida daquelas mulheres, mas também na nossa vida e na nossa história da humanidade. Jesus não é um morto, ressuscitou, é o *Vivente*! Não regressou simplesmente à vida, mas é a própria vida, porque é o Filho de Deus, que é o *Vivente*.⁴ Jesus já não está no passado, mas vive no presente e lança-Se para o futuro; Jesus é o "hoje" eterno de Deus. Assim se apresenta a novidade de Deus diante dos olhos das mulheres, dos discípulos, de todos nós: a vitória sobre o pecado, sobre o mal, sobre a morte, sobre tudo o que oprime a vida e lhe dá um rosto menos humano. E isso é uma mensagem dirigida a mim, a ti, amada irmã, a ti, amado irmão. Quantas vezes precisamos que o Amor nos diga: Por que buscais o Vivente entre os mortos? Os problemas, as preocupações de todos os dias tendem a nos fechar em nós mesmos, na tristeza, na amargura... e aí está a morte. Não procuremos aí o Vivente!

Aceita então que Jesus Ressuscitado entre na tua vida, acolhe-O como amigo, com confiança: Ele é a vida! Se até agora estiveste longe Dele, basta que tomes um pequeno passo e Ele te acolherá de braços abertos. Se fores indiferente, aceita arriscar: não ficarás desiludido. Se te parece difícil segui-Lo, não tenhas medo, te entrega a Ele, podes estar seguro de que Ele está perto de ti, está contigo e te dará a paz que procuras e a força para viver como Ele quer.

A REVOLUÇÃO DA LIBERDADE

O apóstolo Paulo terminava um trecho da sua carta aos nossos antepassados, os Romanos, com estas palavras: já não estais sob a Lei, mas sob a graça. E esta é a nossa vida: caminhar sob a graça, porque o Senhor nos amou, nos salvou, nos perdoou. O Senhor fez tudo, e essa é a graça, a graça de Deus. Nós estamos no caminho, sob a graça de Deus, que veio entre nós, em Jesus Cristo que nos salvou. Mas isso nos abre para um horizonte grande, e é alegria para nós. "Já não estais sob a Lei, mas sob a graça." Que significa este "viver sob a graça"? Procuraremos explicar algo do que significa viver sob a graça. É a nossa alegria, é a nossa liberdade. Nós somos livres. Por quê? Porque vivemos sob a graça. Já não somos escravos da Lei: somos livres porque Jesus Cristo nos libertou, nos deu a liberdade, aquela liberdade plena de filhos de Deus, que vivemos sob a graça. Isso é um tesouro.

Procurarei explicar um pouco este mistério tão bonito, tão grande: viver sob a graça! [...]

O batismo é o sacramento que nos faz passar de "sob a Lei" para "sob a graça", é uma revolução. São tantos os revolucionários na história, foram tantos. Mas nenhum teve a força dessa revolução que nos trouxe Jesus: uma revolução para transformar a história, uma revolução que muda profundamente o coração do homem. As revoluções da história mudaram os sistemas políticos, econômicos, mas nenhuma delas modificou deveras o coração do homem. A verdadeira revolução, que transforma radicalmente a vida, foi Jesus Cristo quem a realizou através da sua Ressurreição: a cruz e a Ressurreição. E Bento XVI dizia, dessa revolução, que "é a maior mudança da história da humanidade". Mas pensemos nisto: é a maior mudança da história da humanidade, é uma verdadeira revolução, porque nós vamos por este caminho da maior mudança da história da humanidade. Um cristão, se não for revolucionário, neste tempo, não é cristão! Deve ser revolucionário pela graça! Precisamente a graça que o Pai nos dá através de Jesus Cristo crucificado, morto e ressuscitado nos torna revolucionários, porque — e cito de novo Bento XVI — "é a maior mudança da história da humanidade". Porque muda o coração! O profeta Ezequiel dizia: "Arrancar-vos-ei o coração de pedra e dar-vos-ei um coração de carne". É esta a experiência que o apóstolo Paulo vive: depois de ter encontrado Jesus no caminho de Damasco, muda radicalmente a sua perspectiva de vida e recebe o batismo. Deus transforma o seu coração! Mas considerai: um perseguidor, um que perseguia a Igreja e os cristãos, se torna um santo, um profundo cristão, precisamente um cristão verdadeiro! Antes é um perseguidor violento, agora se torna um apóstolo, uma testemunha corajosa de Jesus Cristo, a ponto de não ter medo de sofrer o martírio. Aquele Saulo que queria matar quem anunciava o Evangelho, no final doa a sua vida para anunciar o Evangelho. Eis a transformação, a maior mudança da qual nos falava o papa Bento. Muda o teu coração de pecador — de pecador: todos somos pecadores — transforma-te em santo. Há algum de nós que não é pecador? Se houver algum, que levante a mão! Todos somos pecadores, todos! Todos somos pecadores! Mas a graça de Jesus Cristo nos salva do pecado: nos salva! Todos, se aceitarmos a graça de Jesus Cristo, Ele muda o nosso coração e de pecadores nos torna santos. Para nos tornarmos santos não é necessário voltar os olhos para o alto, ou ter cara de santinho! Não, não, isso não é necessário! Uma só coisa é necessária para nos tornarmos santos: aceitar a graça que o Pai nos dá em Jesus Cristo. Eis, essa graça muda o nosso coração. Nós continuamos a ser pecadores, porque todos somos frágeis, mas também com essa graça que nos faz sentir que o Senhor é bom, que o Senhor é misericordioso, que o Senhor nos espera, que o Senhor nos perdoa, essa graça grande, que muda o nosso coração.

ESTAR COM CRISTO

Eu vou falar de três pontos: um, dois e três, como faziam os antigos jesuítas... um, dois e três!

Antes de tudo, recomeçar com Cristo significa *cultivar a familiaridade com Ele*, ter esta familiaridade com Jesus: Jesus recomenda, com insistência, aos discípulos na Última Ceia, quando Se prepara para viver o dom mais sublime de amor, o sacrifício da cruz. Recorrendo à imagem da videira e dos ramos, Jesus diz: Permanecei no meu amor, permanecei ligados a mim, como o ramo está ligado à videira. Se estivermos unidos a Ele, podemos dar fruto, e essa é a familiaridade com Cristo. É permanecer em Jesus! Permanecer ligados a Ele, dentro Dele, com Ele, falando com Ele: permanecer em Jesus.

1. A primeira coisa necessária para um discípulo é estar com o Mestre, ouvi-Lo, aprender Dele. E isso é sempre válido, é um caminho que dura a vida inteira! Recordo que, na diocese (na outra diocese, que tinha antes), via muitas vezes, no fim dos cursos do seminário catequético, os catequistas saírem dizendo: "Tenho o título de catequista!". Isso não adianta, não tens nada, fizeste apenas um

pedaço da estrada! Quem te ajudará? Isso, sim, que vale sempre! Não um título, mas um procedimento: estar com Ele; e dura toda a vida! É estar na presença do Senhor, deixar-se olhar por Ele. Pergunto-vos: Como estais na presença do Senhor? Quando ides ter com o Senhor, enquanto olhais o Sacrário, que fazeis? Sem palavras... Mas eu falo, falo, penso, medito, ouço... Muito bem! Mas tu... deixas-te olhar pelo Senhor? Sim, deixar-se olhar pelo Senhor. Ele olha-nos, e essa é uma maneira de rezar. Deixas-te olhar pelo Senhor? Mas, como se faz? Olhas para o Sacrário e deixas-te olhar... é simples! É um pouco maçante, adormeço... Se adormeceres, adormeces! Ele te olhará igualmente, te olhará igualmente. Mas, teres a certeza de que Ele te olha é muito mais importante do que o título de catequista: faz parte do ser catequista. Isso inflama o coração, mantém aceso o fogo da amizade com o Senhor, te faz sentir que Ele verdadeiramente olha para ti, está perto de ti e te ama. Numa das saídas que tive, aqui em Roma, por ocasião de uma Missa, aproximou-se um senhor, relativamente jovem, e me disse: "Padre, prazer em conhecê-lo; mas eu não acredito em nada! Não tenho o dom da fé!" Ele entendia que a fé era um dom. "Não tenho o dom da fé! Que me recomenda o senhor?" "Não desanimes! Deus te ama. Deixa-te olhar por Ele. E basta." O mesmo vos digo: Deixai-vos olhar pelo Senhor! Compreendo que, para vós, não é tão simples: especialmente para quem é casado e tem filhos, é difícil encontrar um tempo longo de tranquilidade. Mas, graças a Deus, não é necessário que todos façam da mesma maneira; na Igreja, há variedade de vocações e variedade de formas espirituais; o importante é encontrar o modo adequado para *estar com o Senhor*; e isso pode acontecer, é possível em todos os estados de vida. Neste momento, cada um pode interrogar-se: Como é que eu vivo este "estar" com Jesus? Essa é uma pergunta que vos deixo: "Como é que eu vivo esse estar com Jesus, esse permanecer em Jesus?". Tenho momentos em que permaneço na sua presença, em silêncio, e me deixo olhar por Ele? Deixo que o seu fogo inflame o meu coração? Se, no nosso coração, não há o calor de Deus, do seu amor, da sua ternura, como podemos nós, pobres pecadores, inflamar o coração dos outros? Pensai nisso!

2. O segundo elemento é este — dois — *recomeçar de Cristo* significa *imitá-Lo ao sair de Si mesmo para ir ao encontro do outro*. Trata-se de uma experiência maravilhosa, embora um pouco paradoxal. Por quê? Porque, quem coloca Cristo no centro da sua vida, descentraliza-se! Quanto mais te unes a Jesus e Ele Se torna o centro da tua vida, tanto mais Ele te faz sair de ti mesmo, te descentraliza e abre aos outros. Esse é o verdadeiro dinamismo do amor, esse é o movimento do próprio Deus! Sem deixar de ser o centro, Deus é sempre dom de si, relação, vida que se comunica... E assim nos tornamos também nós, se permanecermos unidos a Cristo, porque Ele nos faz entrar nesse dinamismo do amor. Onde há verdadeira vida em Cristo, há abertura ao outro, saímos de nos mesmos para ir ao encontro do outro no nome de Cristo. E o trabalho do catequista é este: por amor, sair continuamente de si mesmo para testemunhar Jesus e falar de Jesus, anunciar Jesus. Isso é importante, porque é obra do Senhor: é precisamente o Senhor que nos impele a sair.

O coração do catequista vive sempre este movimento de "sístole-diástole": união com Jesus — encontro com o outro. Existem as duas coisas: eu me uno a Jesus e saio ao encontro dos outros. Se falta um desses dois movimentos, o coração deixa de bater, não pode viver. Recebe em dom o querigma e, por sua vez, o oferece em dom. Importante esta palavrinha: dom! O catequista está consciente de que recebeu um dom: o dom da fé; e dela faz dom aos outros. Isso é maravilhoso! E não reserva uma porcentagem para si! Tudo aquilo que recebe, dá. Aqui não se trata de um negócio! Não é um negócio! É puro dom: dom recebido e dom transmitido. E o catequista está ali, nessa encruzilhada de dom. Isso está na própria natureza do querigma: é um dom que gera missão, que impele sempre para além de si mesmo. São Paulo dizia: "O amor de Cristo nos impele"; mas essa expressão "nos impele" também se pode traduzir por "nos possui". É assim o amor: atrai e envia, toma e dá aos outros. É nessa tensão que se move o coração do cristão, especialmente o coração do catequista. Perguntemos todos: É assim que bate o meu coração de catequista: união com Jesus e encontro com o outro? Com esse movimento de "sístole e diástole"? Alimenta-se na relação com Ele, mas para O levar aos outros e não para O reter? Eis o que vos digo: Não compreendo como possa um catequista ficar parado, sem esse movimento. Não compreendo!

3. E o terceiro elemento — três — se situa também nessa linha: *recomeçar de Cristo* significa *não ter medo de ir com Ele para as periferias*. Isso me traz à mente a história de Jonas, uma figura muito interessante, especialmente nos nossos tempos de mudanças e incerteza. Jonas é um homem piedoso, com uma vida tranquila e bem ordenada; isso o leva a ter bem claros os seus preconceitos e a julgar rigidamente tudo e todos segundo esses preconceitos. Vê tudo claro, a verdade é essa. É rígido! Por isso, quando o Senhor o chama e diz para ir pregar à grande cidade pagã de Nínive, Jonas não quer. Ir lá! Mas eu tenho toda a verdade aqui! Não quer ir... Nínive está fora dos seus conceitos, está na periferia do seu mundo. Então escapa, vai para a Espanha, foge, embarca num navio que vai para aqueles lados. Ide ler o Livro de Jonas! É breve, mas é uma parábola muito instrutiva, especialmente para nós que estamos na Igreja.

O que ele nos ensina? Ensina-nos a não ter medo de sair dos nossos preconceitos para seguir a Deus, porque Deus sempre vai além. Sabeis uma coisa? Deus não tem medo! Sabeis isso?! Não tem medo! Ultrapassa sempre os nossos esquemas! Deus não tem medo das periferias. Se fordes às periferias, O encontrareis lá. Deus é sempre fiel, é criativo. Mas, por favor, não se permita um catequista que não seja criativo. A criatividade é como que a coluna de ser catequista. Deus é criativo, não se fecha, e por isso nunca é rígido. Deus não é rígido! Acolhe-nos, vem ao nosso encontro, compreende-nos. Para sermos fiéis, para sermos criativos, é preciso saber mudar. Saber mudar. E por que devo mudar? É para me adequar às circunstâncias em que devo anunciar o Evangelho. Para permanecermos com Deus, é preciso saber sair, não ter medo de sair. Se um catequista se deixa tomar pelo medo, é um covarde; se um catequista se fecha tranquilo, acaba por ser uma estátua de museu: e temos muitos! Temos muitos! Por favor, estátuas de museu, não! Se um catequista é rígido, se torna enrugado e estéril. Pergunto-vos: Alguém de vós quer ser covarde, estátua de museu ou estéril? Algum de vós tem vontade de o ser? Não? Tem certeza? Está bem! Aquilo que vou dizer agora, já disse muitas vezes; mas sinto no coração que o devo dizer. Quando nós, cristãos, estamos fechados no nosso grupo, no nosso movimento, na nossa paróquia, no nosso ambiente, permanecemos fechados; e nos acontece o que sucede a tudo aquilo que está fechado: quando um quarto está fechado, começa a cheirar a mofo. E se uma pessoa está fechada naquele quarto, adoece! Quando um cristão está fechado no seu grupo, na sua paróquia, no seu movimento, está fechado, adoece. Se um cristão sai pelas estradas, vai às periferias, pode acontecer o mesmo que a qualquer pessoa que anda na estrada: um acidente. Quantas vezes vimos acidentes nas estradas! Mas eu digo: prefiro mil vezes uma Igreja acidentada a uma Igreja doente! Prefiro uma Igreja, um catequista que corra corajosamente o risco de sair, que um catequista que estude, saiba tudo, mas sempre fechado: este está doente. E às vezes está doente da cabeça...

Atenção, porém! Jesus não diz: Ide, arranjai-vos. Não, não diz isso! Jesus diz: Ide, Eu estou convosco! Nisso está o nosso encanto e a nossa força: se formos, se sairmos para levar o seu Evangelho com amor, com verdadeiro espírito apostólico, com franqueza, Ele caminha conosco, nos precede — digo-o em espanhol —, nos *primerea*. O Senhor sempre nos *primerea*! Decerto já aprendestes o significado dessa palavra! E isso é a Bíblia que o diz, não eu. A Bíblia diz, ou melhor, o Senhor diz na Bíblia: Eu sou como a flor da amendoeira. Por quê? Porque é a primeira flor que desabrocha na primavera. Ele é sempre o *primero*! Ele é o primeiro! Para nós, isto é fundamental: Deus sempre nos precede! Quando pensamos que temos de ir para longe, para uma periferia extrema, talvez nos assalte um pouco de medo; mas, na realidade, Ele já está lá: Jesus nos espera no coração daquele irmão, na sua carne ferida, na sua vida oprimida, na sua alma sem fé. Vós sabeis de uma das periferias que me faz tão mal, tão mal que me faz doer? Senti na diocese que tinha antes. É a das crianças que não sabem fazer o sinal da cruz. Em Buenos Aires, há muitas crianças que não sabem fazer o sinal da cruz. Essa é uma periferia! É preciso ir lá! E Jesus está lá, espera por ti para ajudares aquela criança a fazer o sinal da cruz. Ele sempre nos precede.

Amados catequistas, acabaram-se os três pontos. Recomeçar sempre de Cristo! Agradeço-vos pelo que fazeis, mas, sobretudo, porque estais na Igreja, no Povo de Deus em caminho, porque caminhais com o Povo de Deus. Permaneçamos com Cristo — permanecer em Cristo —, procuremos cada vez mais ser um só com Ele; sigamo--Lo, imitemos o Seu movimento de amor, o Seu sair ao encontro do homem; e saiamos, abramos as portas, tenhamos a audácia de traçar estradas novas para o anúncio do Evangelho.

2
Uma Igreja pobre para os pobres

OUVIR O CLAMOR DOS POBRES

Deriva da nossa fé em Cristo, que Se fez pobre e sempre Se aproximou dos pobres e marginalizados, a preocupação pelo desenvolvimento integral dos mais abandonados da sociedade.

Cada cristão e cada comunidade são chamados a serem instrumentos de Deus ao serviço da libertação e promoção dos pobres, para que possam integrar-se plenamente na sociedade; isso supõe estar docilmente atentos, para ouvir o clamor do pobre e socorrê-lo. Basta percorrer as Escrituras, para descobrir como o Pai bom quer ouvir o clamor dos pobres: "Eu bem vi a opressão do meu povo que está no Egito, e ouvi o seu clamor diante dos seus inspetores; conheço, na verdade, os seus sofrimentos. Desci a fim de os libertar [...]. E agora, vai; Eu te envio...".[1] E Ele mostra-Se solícito com as suas necessidades: "Os filhos de Israel clamaram, então, ao Senhor, e o Senhor enviou-lhes um salvador".[2] Ficar surdo a esse clamor, quando somos os instrumentos de Deus para ouvir o pobre, nos coloca fora da vontade do Pai e do Seu projeto, porque esse pobre "clamaria ao Senhor contra ti, e aquilo tornar-se-ia para ti um pecado".[3] E a falta de solidariedade, nas suas necessidades, influi diretamente sobre a nossa relação com Deus: "Se te amaldiçoa na amargura da sua alma, Aquele que o criou ouvirá a sua oração".[4] Sempre retorna a antiga pergunta: "Se alguém possuir bens deste mundo e, vendo o seu irmão com necessidade, lhe fechar o seu coração, como é que o amor de Deus pode permanecer nele?".[5] Lembremos também com quanta convicção o apóstolo são Tiago retomava a imagem do clamor dos oprimidos: "Olhai que o salário que não pagastes, aos trabalhadores que ceifaram os vossos campos, está a clamar; e os clamores dos ceifeiros chegaram aos ouvidos do Senhor do universo".[6]

A Igreja reconheceu que a exigência de ouvir esse clamor deriva da própria obra libertadora da graça em cada um de nós, pelo que não se trata de uma missão reservada apenas a alguns: "A Igreja, guiada pelo Evangelho da Misericórdia e pelo amor ao homem, *escuta o clamor pela justiça* e deseja responder com todas as suas forças". Nessa linha, se pode entender o pedido de Jesus aos seus discípulos: "Dai-lhes vós mesmos de comer",[7] que envolve tanto a cooperação para resolver as causas estruturais da pobreza e promover o desenvolvimento integral dos pobres, como os gestos mais simples e diários de solidariedade para com as misérias muito concretas que encontramos. Embora um pouco desgastada e, por vezes, até mal interpretada, a palavra "solidariedade" significa muito mais do que alguns atos esporádicos de generosidade; supõe a criação de uma nova mentalidade que pense em termos de comunidade, de prioridade da vida de todos sobre a apropriação dos bens por parte de alguns.

Para a Igreja, a opção pelos pobres é mais uma categoria teológica que cultural, sociológica, política ou filosófica. Deus "manifesta a sua misericórdia" a eles. Essa preferência divina tem consequências na vida de fé de todos os cristãos, chamados a possuírem "os mesmos sentimentos que estão em Cristo Jesus".[8] Inspirada por tal preferência, a Igreja fez uma *opção pelos pobres*, entendida como uma "forma especial de prioridade na prática da caridade cristã, testemunhada por toda a tradição da Igreja". Como ensinava Bento XVI, essa opção "está implícita na fé cristológica naquele Deus que Se fez pobre por nós, para enriquecer-nos com sua pobreza". Por isso, desejo uma Igreja pobre para os pobres. Estes têm muito para nos ensinar. Além de participar do *sensus fidei*, nas suas próprias dores conhecem Cristo sofredor. É necessário que todos nos deixemos evangelizar por eles. A nova evangelização é um convite a reconhecer a força salvadora das suas vidas, e a colocá-los no centro do caminho da Igreja. Somos chamados a descobrir Cristo neles: não só a emprestar a nossa voz nas suas causas, mas também a ser seus amigos, a escutá-los, a compreendê-los e a acolher a misteriosa sabedoria que Deus nos quer comunicar através deles.

CASA DE COMUNHÃO

No Credo nós dizemos: "Creio na Igreja, una...", ou seja, professamos que a Igreja é única e que essa Igreja é em si mesmo unidade. Contudo, se olharmos para a Igreja católica no mundo, descobriremos que ela abrange quase 3 mil dioceses espalhadas por todos os continentes: muitas línguas, tantas culturas! A Igreja está espalhada pelo mundo inteiro! E, no entanto, as milhares de comunidades católicas formam uma só unidade. Como pode acontecer isso?

Podemos encontrar uma resposta sintética no *Compêndio do Catecismo da Igreja Católica*, que afirma: a Igreja católica espalhada pelo mundo "tem uma só fé, uma só vida sacramental, uma única sucessão apostólica, uma comum esperança e a mesma caridade".[1] É uma definição bonita e clara; nos orienta bem. Unidade na fé, na esperança e na caridade, unidade nos Sacramentos e no Ministério: são como pilares que sustentam e mantêm firme o único e grande edifício da Igreja. Onde quer que formos, até a paróquia mais pequenina, no recanto mais remoto da terra, existe uma única Igreja; nós estamos em casa, em família, entre irmãos e irmãs; e este é um grande dom de Deus! A Igreja é uma só para todos! Não existe uma Igreja para os europeus, uma para os africanos, uma para os americanos, uma para os asiáticos e uma para aqueles que vivem na Oceania; não, ela é a mesma em toda a parte. É como uma família: podemos estar distantes, espalhados pelo mundo, mas os vínculos profundos que unem todos os membros da família permanecem sólidos, independentemente da distância. Penso por exemplo na experiência da Jornada Mundial da Juventude no Rio de Janeiro: naquela imensa multidão de jovens, na praia de Copacabana, ouviam-se falar muitas línguas, viam--se traços de rostos muito diferentes uns dos outros, encontravam-se culturas diversas, e, no entanto, havia uma unidade profunda, formava-se uma única Igreja, todos estavam unidos e sentia-se isso. Interroguemo-nos todos: eu, como católico, sinto essa unidade? Eu, como católico, vivo essa unidade da Igreja? Ou não me interessa, porque estou fechado no meu pequeno grupo ou em mim mesmo? Sou um daqueles que "privatiza" a Igreja para o próprio grupo, para a minha nação, para os meus amigos? É triste encontrar uma Igreja "privatizada" por esse egoísmo e essa falta de fé. É triste! Quando ouço que muitos cristãos no mundo sofrem, permaneço indiferente ou me sinto como se sofresse um membro da família? Quando penso ou ouço dizer que muitos cristãos são perseguidos e chegam a dar a sua vida própria pela fé, isso comove o meu coração, ou não me sensibiliza? Estou aberto àquele irmão ou àquela irmã da família que entrega a vida por Jesus Cristo? Rezamos uns pelos outros? Dirijo-vos uma pergunta: quantos rezam pelos cristãos que são perseguidos? Quantos? Cada um responda no seu coração. Rezo por aquele irmão, por aquela irmã que se encontra em dificuldade, para confessar e defender a sua fé? É importante olhar para fora do próprio espaço, sentir--se Igreja, única família de Deus!

Demos mais um passo, interrogando-nos: existem feridas nessa unidade? Podemos ferir essa unidade? Infelizmente vemos que ao longo da história, também agora, nem sempre vivemos a unidade. Às vezes surgem incompreensões, conflitos, tensões e divisões que a ferem, e então a Igreja não tem o rosto que gostaríamos que tivesse, não manifesta a caridade, o que Deus deseja. Somos nós que criamos lacerações! E se olharmos para as divisões que ainda subsistem entre os cristãos, católicos, ortodoxos, protestantes... sentimos a dificuldade de tornar essa unidade plenamente visível. Deus nos concede a unidade, mas nós muitas vezes temos dificuldade em vê-la. É preciso procurar, construir a comunhão, educar para a comunhão, para superar incompreensões e divisões, a começar pela família, pelas realidades eclesiais, inclusive no diálogo ecumênico. O nosso mundo precisa de unidade; vivemos numa época em que todos precisamos de unidade, temos necessidade de reconciliação e de comunhão; e a Igreja é uma casa de comunhão. São Paulo dizia aos cristãos de Éfeso: "Exorto-vos, pois, prisioneiro pela causa do Senhor, que leveis uma vida digna da vocação à qual fostes chamados, com toda a humildade, amabilidade e magnanimidade, suportando-vos mutuamente com caridade. Sede solícitos em conservar a unidade do Espírito no vínculo da paz".[2] Humildade, amabilidade, magnanimidade e caridade para conservar a unidade! São essas as veredas, os verdadeiros caminhos da Igreja. Ouçamo-las mais uma vez: humildade contra a vaidade, contra a soberba; humildade, amabilidade, magnanimidade e caridade para conservar a unidade! E Paulo continuava: um só corpo, o corpo de Cristo que nós recebemos na Eucaristia; um só Espírito, o Espírito Santo que anima e recria continuamente a Igreja; uma só esperança, a vida eterna; uma só fé, um só batismo e um único Deus, Pai de todos.[3] A riqueza daquilo que nos une! E é uma riqueza autêntica: o que nos une, não o que nos divide! Essa é a riqueza da Igreja! Hoje, cada um deve se perguntar: faço crescer a unidade na família, na paróquia, na comunidade, ou sou um tagarela, uma tagarela? Sou motivo de divisão, de dificuldade? Mas vós não sabeis o mal que os mexericos fazem à Igreja, às paróquias, às comunidades! Fazem mal! As bisbilhotices ferem! Antes de fofocar, o cristão deve morder a sua língua! Sim ou não? Morder a língua: isso lhe fará bem, porque a língua inchará e não poderá falar, não conseguirá fofocar. Tenho a humildade de curar, com paciência e sacrifício, as feridas na comunhão?

Enfim o último passo, mais profundo. E se trata de uma pergunta bonita: quem é o motor da unidade da Igreja? É o Espírito Santo, que todos nós recebemos no batismo e também no sacramento da confirmação. É o Espírito Santo! A nossa unidade não é primariamente fruto do nosso consenso, nem da democracia no seio da Igreja, nem sequer do nosso esforço de estar em sintonia, mas deriva Daquele que faz a unidade na diversidade, porque o Espírito Santo é harmonia, sempre cria a harmonia na Igreja. Trata-se de uma unidade harmoniosa no meio de toda a diversidade de culturas, línguas e pensamentos. O motor é o Espírito Santo! Por isso é importante a oração, que constitui a alma do nosso compromisso de homens e mulheres de comunhão e de unidade. A oração ao Espírito Santo, a fim de que venha e construa a unidade na Igreja.

Peçamos ao Senhor: Senhor, conceda-nos a graça de viver cada vez mais unidos, de nunca sermos instrumentos de divisão; fazei com que nos comprometamos, como reza uma bonita prece franciscana, a levar o amor onde houver ódio, a levar o perdão onde houver ofensa e a levar a união onde houver discórdia.

CASA QUE ACOLHE A TODOS

No Credo, depois de professar: "Creio na Igreja una", acrescentamos o adjetivo "santo"; isto é, afirmamos a santidade da Igreja, uma característica presente desde o início na consciência dos primeiros cristãos, que se chamavam simplesmente "santos",[1] pois tinham a certeza de que é a obra de Deus, o Espírito Santo, que santifica a Igreja.

Mas em que sentido a Igreja é santa, se vemos que a Igreja histórica, no seu caminho ao longo dos séculos, enfrentou tantas dificuldades, problemas, momentos obscuros? Como pode ser santa uma Igreja feita de seres humanos, pecadores? Homens pecadores, mulheres pecadoras, sacerdotes pecadores, religiosas pecadoras, bispos pecadores, cardeais pecadores, papa pecador? Todos. Como pode ser santa uma Igreja assim?

Para responder a essa pergunta, gostaria de me deixar guiar por um trecho da Carta de são Paulo aos cristãos de Éfeso. O apóstolo, tendo como exemplo as relações familiares, afirma que "Cristo amou a Igreja e entregou-se por ela, para a santificar".[2] Cristo amou a Igreja, se entregando totalmente na cruz. E isso significa que a Igreja é santa porque procede de Deus que é santo, que é fiel e não a abandona ao poder da morte e do mal.[3] É santa porque Jesus Cristo, o Santo de Deus,[4] se une a ela de modo indissolúvel;[5] é santa porque se deixa guiar pelo Espírito Santo que purifica, transforma e renova. Não é santa pelos nossos méritos, mas porque Deus a torna santa, é fruto do Espírito Santo e dos seus dons. Não somos nós que a santificamos. É Deus, o Espírito Santo que, no seu amor, santifica a Igreja.

Vós podereis dizer: mas a Igreja é formada por pecadores, como vemos todos os dias. E isso é verdade: somos uma Igreja de pecadores; e nós, pecadores, somos chamados a nos deixar transformar, renovar e santificar por Deus. Na história houve a tentação de alguns que afirmavam: a Igreja é só a Igreja dos puros, daqueles que são totalmente coerentes, e os outros devem ser afastados. Isso não é verdade. É uma heresia! A Igreja, que é santa, não rejeita os pecadores; não afasta nenhum de nós; não rejeita, porque chama e acolhe todos, está aberta também aos distantes, chama todos a deixar-se abraçar pela misericórdia, pela ternura e pelo perdão do Pai, que oferece a todos a possibilidade de O encontrar, de caminhar rumo à santidade. "Mas Padre, eu sou um pecador, cometi grandes pecados, como posso me sentir parte da Igreja?". Amado irmão, querida irmã, é exatamente isso que o Senhor deseja, que tu digas: "Senhor, eis-me aqui com os meus pecados!". Algum de vós está aqui sem os próprios pecados? Algum de vós? Ninguém, nenhum de nós. Todos trazemos em nós os nossos pecados. Mas o Senhor quer nos ouvir dizer: "Perdoai-me, ajudai-me a caminhar, transformai o meu coração!". E o Senhor pode transformar o coração. Na Igreja, o Deus que encontramos não é um juiz cruel, mas é como o pai da parábola evangélica. Podes ser como o filho que deixou a casa, que esteve mais distante de Deus. Quando tiver a força de dizer: quero voltar para casa, encontrará a porta aberta, Deus vem ao teu encontro porque te espera sempre; Deus espera-te sempre, Deus abraça-te, beija-te e faz festa. Assim é o Senhor, essa é a ternura do nosso Pai celeste. O Senhor quer que façamos parte de uma Igreja que sabe abrir os braços para abraçar todos, que não é a casa de poucos, mas de todos, onde todos podem ser renovados, transformados e santificados pelo seu amor: os mais fortes e os mais fracos, os pecadores, os indiferentes, os que se sentem desanimados e perdidos. A Igreja oferece a todos a possibilidade de percorrer o caminho da santidade, que é a vereda do cristão: nos faz encontrar Jesus Cristo nos sacramentos, especialmente na confissão e na Eucaristia; nos comunica a Palavra de Deus, nos faz viver na caridade, no amor de Deus por todos. Então, interroguemos: nos deixamos santificar? Somos uma Igreja que chama e recebe de braços abertos os pecadores, que incute coragem e esperança, ou somos uma Igreja fechada em si mesma? Somos uma Igreja na qual se vive o amor de Deus, na qual se presta atenção ao próximo, na qual se reza uns pelos outros?

Uma última pergunta: o que posso fazer eu, que me sinto fraco, frágil, pecador? Deus te diz: não tenhas medo da santidade, não tenhas medo de apostar alto, de te deixares amar e purificar por Deus, não tenhas receio de te deixares guiar pelo Espírito Santo. Deixemos a santidade de Deus nos contagiar. Cada cristão é chamado à santidade;[6] e a santidade não consiste somente em fazer coisas extraordinárias, mas em deixar Deus agir. É o encontro da nossa fragilidade com a força da Sua graça, é ter confiança na Sua obra, que nos permite viver na caridade, fazer tudo com alegria e humildade, para glória de Deus e o serviço ao próximo. Há uma frase célebre do escritor francês Léon Bloy; nos últimos momentos da sua vida, ele dizia: "Só existe uma tristeza na vida, a de não ser santo". Não percamos a esperança na santidade, percorramos todos a esse caminho. Queremos ser santos? O Senhor espera a todos nós de braços abertos; nos espera para nos acompanhar ao longo desse caminho da santidade. Vivamos com alegria a nossa fé, deixemos o Senhor nos amar... peçamos essa dádiva a Deus na oração, para nós e para os outros.

CASA DA HARMONIA

"Creio na Igreja, una, santa, católica..." Hoje paremos para meditar sobre esta índole da Igreja: dizemos católica. Antes de tudo: o que significa católico? Deriva do grego *kath'olón* que quer dizer "segundo o todo", a totalidade. Em que sentido essa totalidade se aplica à Igreja? Em que sentido nós dizemos que a Igreja é católica? Diria, em três significados fundamentais.

O primeiro. A Igreja é católica, porque é o espaço, a casa onde nos é anunciada *a fé na sua totalidade*, na qual a salvação que Cristo nos trouxe é oferecida a todos. A Igreja nos faz encontrar a misericórdia de Deus que nos transforma, porque nela está presente Jesus Cristo, que confere a verdadeira profissão de fé, a plenitude da vida sacramental, a autenticidade do ministério ordenado. Na Igreja, cada um de nós encontra o que é necessário para acreditar, para viver como cristão, para se tornar santo, para caminhar em cada lugar e em cada época.

Para citar um exemplo, podemos dizer que é como na vida de família; em família, a cada um de nós é concedido tudo o que nos permite crescer, amadurecer e viver. Não podemos crescer sozinhos, não podemos caminhar sozinhos, nos isolando, mas caminhamos e crescemos numa comunidade, numa só família. E assim é na Igreja! Na Igreja nós podemos ouvir a Palavra de Deus, convictos de que é a mensagem que o Senhor nos transmitiu; na Igreja podemos encontrar o Senhor nos sacramentos, que são as janelas abertas através das quais nos é comunicada a luz de Deus, riachos nos quais bebemos da vida do próprio Deus; na Igreja nós aprendemos a viver a comunhão, o amor que provém de Deus. Hoje, cada um de nós pode se questionar: como vivo na Igreja? Quando vou à igreja, é como se fosse ao estádio, a um jogo de futebol? É como se fosse ao cinema? Não, é diferente. Como vou à Igreja? Como recebo os dons que a Igreja me oferece para crescer, para amadurecer como cristão? Participo na vida de comunidade, ou vou à igreja e me fecho nos meus problemas, me isolando do outro? Nesse primeiro sentido, a Igreja é católica porque é a casa de todos. Todos são filhos da Igreja e todos vivem nessa casa.

Um segundo significado: a Igreja é católica, porque é *universal*, está espalhada em todas as regiões do mundo e anuncia o Evangelho a cada homem e a cada mulher. A Igreja não é um grupo de elite, não diz respeito apenas a alguns. A Igreja não se fecha, é enviada para a totalidade das pessoas, para todo o gênero humano. E a Igreja única está presente até nas suas menores partes. Cada um pode dizer: na minha paróquia está presente a Igreja católica, porque ela também faz parte da Igreja universal, contém em si a plenitude dos dons de Cristo, a fé, os sacramentos e o ministério; se encontra em comunhão com o bispo, com o papa, e está aberta a todos, sem distinções. A Igreja não está apenas à sombra do nosso campanário, mas abrange uma vastidão de pessoas, de povos que professam a mesma fé, que se alimentam da mesma Eucaristia, que são servidos pelos mesmos pastores. Como é bom se sentir em comunhão com todas as Igrejas, com todas as comunidades católicas do mundo, sejam pequenas ou grandes! E, além disso, sentir que todos nós estamos em uma missão; comunidades pequenas ou grandes, todos devemos abrir as nossas portas e sair para o Evangelho. Então, interroguemo-nos: o que faço para comunicar aos outros a alegria de encontrar o Senhor, o júbilo de pertencer à Igreja? Anunciar e testemunhar a fé não são tarefas para poucos, mas diz respeito também a mim, a ti, a cada um de nós!

Um terceiro e último pensamento: a Igreja é católica, porque é a "casa da harmonia", onde *unidade e diversidade* sabem conjugar para se tornarem riqueza. Pensemos na imagem da sinfonia, que quer dizer acordo e harmonia, diversos instrumentos que tocam juntos; cada qual mantém o seu timbre inconfundível e as suas características sonoras sintonizam-se em algo em comum. Depois há quem guie, o diretor, e na sinfonia que é executada todos tocam juntos, em "harmonia", mas não se cancela o timbre de cada instrumento; aliás, a peculiaridade de cada um é valorizada ao máximo!

É uma imagem bonita, que nos diz que a Igreja é como uma grande orquestra na qual existe variedade. Não somos todos iguais, e não devemos ser todos iguais. Todos nós somos diversos, diferentes, cada qual com as suas próprias qualidades. E esta é a beleza da Igreja: cada um oferece o que é seu, aquilo que Deus lhe concedeu, para enriquecer os demais. E entre os componentes existe a diversidade, mas se trata de uma diversidade que não entra em conflito, que não se opõe; é uma variedade que se deixa fundir de modo harmonioso pelo Espírito Santo; Ele é o verdadeiro "maestro", Ele mesmo é harmonia. E aqui perguntamos: nas nossas comunidades, vivemos a harmonia ou nos desentendemos? Na minha comunidade paroquial, no meu movimento, onde eu faço parte da Igreja, se faz mexericos? Quando existem intrigas não há harmonia, mas luta. E essa não é a Igreja. A Igreja é a harmonia entre todos: nunca faleis mal uns dos outros, nunca discutais! Aceitamos o outro, aceitamos que haja uma justa variedade, que este seja diferente, que aquele pense de um modo ou de outro — pois na mesma fé podemos pensar diversamente — ou tendemos a uniformizar tudo? Mas a uniformidade mata a vida! A vida da Igreja é variedade, e quando queremos instaurar essa uniformidade em todos, acabamos por matar os dons do Espírito Santo. Oremos ao Espírito Santo, que é precisamente o autor dessa unidade na variedade, dessa harmonia, a fim de que nos tornemos cada vez mais "católicos", ou seja, nessa Igreja que é católica e universal.

ENVIADA PARA LEVAR O EVANGELHO A TODO O MUNDO

Quando recitamos o Credo, dizemos: "Creio na Igreja, una, santa, católica e apostólica". Não sei se alguma vez meditastes sobre o significado que contém a expressão "a Igreja é apostólica". Talvez algumas vezes, vindo a Roma, pensastes na importância dos apóstolos Pedro e Paulo que aqui entregaram a sua vida para anunciar e testemunhar o Evangelho. Mas há mais. Professar que a Igreja é apostólica significa ressaltar o vínculo constitutivo que ela tem com os apóstolos, com aquele pequeno grupo de doze homens que um dia Jesus convocou a si, chamando-os por nome, para que permanecessem com Ele para os enviar a pregar.[1] Com efeito, "apóstolo", é uma palavra grega que quer dizer "mandado", "enviado". O apóstolo é uma pessoa mandada, enviada a fazer algo, e os apóstolos foram escolhidos, chamados e enviados por Jesus, para dar continuidade à sua obra, ou seja, para rezar — é a primeira tarefa do apóstolo — e, segunda, anunciar o Evangelho. Isso é importante, porque quando pensamos nos apóstolos, poderíamos pensar que só foram anunciar o Evangelho, realizar muitas obras. Mas nos primórdios da Igreja houve um problema porque os apóstolos deviam fazer muitas coisas e então constituíram os diáconos, a fim de que sobrasse mais tempo para os apóstolos rezarem e anunciarem a Palavra de Deus. Quando pensamos nos sucessores dos apóstolos, os bispos, incluído o papa porque também ele é bispo, devemos perguntar se, em primeiro lugar, esse sucessor dos apóstolos antes de tudo reza e depois anuncia o Evangelho: isso significa ser apóstolo, e por isso a Igreja é apostólica. Todos nós, se quisermos ser apóstolos, como agora explicarei, devemos interrogar-nos: rezo pela salvação do mundo? Anuncio o Evangelho? Esta é a Igreja apostólica! É um vínculo constitutivo que temos com os apóstolos.

A partir daqui, gostaria de frisar de modo breve três significados do adjetivo "apostólico", aplicado à Igreja.

1. A Igreja é apostólica, porque está *fundada na pregação e na oração dos apóstolos*, na autoridade que lhes foi conferida pelo próprio Cristo. São Paulo escreve aos cristãos de Éfeso: "Sois concidadãos dos santos e membros da família de Deus, edificados sobre o fundamento dos apóstolos e profetas, tendo por pedra angular o próprio Jesus Cristo";[2] ou seja, compara os cristãos com pedras vivas que formam um

edifício, a Igreja, e esse edifício está assente sobre os apóstolos como colunas, enquanto a pedra que sustenta tudo é o próprio Jesus. Sem Jesus a Igreja não pode existir! Jesus é precisamente a base da Igreja, o fundamento! Os apóstolos viveram com Jesus, ouviram as suas palavras, compartilharam a sua vida, sobretudo foram testemunhas da sua morte e ressurreição. A nossa fé, a Igreja que Cristo quis, não se fundamenta numa ideia, não se funda numa filosofia, mas no próprio Cristo. E a Igreja é como uma planta que, ao longo dos séculos, cresceu e se desenvolveu dando frutos, mas as suas raízes estão bem plantadas Nele e na experiência fundamental de Cristo que viveram os apóstolos, escolhidos e enviados por Jesus, que chega até nós. Daquela planta pequenina até os nossos dias: assim a Igreja está presente no mundo inteiro.

2. Mas interroguemo-nos: como é possível unir-nos a esse testemunho, como pode chegar até nós o que os apóstolos viveram com Jesus, aquilo que dele ouviram? Eis o segundo significado do termo "apostolicidade". O *Catecismo da Igreja Católica* afirma que a Igreja é apostólica, porque *"guarda e transmite*, com a ajuda do Espírito Santo que nela habita, a doutrina, o bom depósito, as sãs palavras recebidas dos apóstolos".[3] A Igreja conserva ao longo dos séculos este tesouro inestimável que é a Sagrada Escritura, a doutrina, os Sacramentos, o ministério dos pastores, de tal modo que podemos ser fiéis a Cristo e participar na sua vida. É como um rio que corre na história, se desenvolve e irriga, mas a água que escorre é sempre aquela que brota da nascente, e a fonte é o próprio Cristo: Ele é o Ressuscitado, Ele é o Vivente e as suas palavras não passam, porque Ele mesmo não passa, Ele está vivo, hoje Ele está presente aqui no meio de nós, Ele ouve-nos, nós falamos com Ele e Ele escuta-nos, está no nosso coração. Hoje Jesus está conosco! Esta é a beleza da Igreja: a presença de Jesus no meio de nós. Nunca pensamos como é importante esse dom que Cristo nos concedeu, na dádiva da Igreja, onde o podemos encontrar? Pensamos porventura que é precisamente a Igreja no seu caminho ao longo destes séculos —

não obstante as dificuldades, os problemas, as debilidades, os nossos pecados — que nos transmite a mensagem autêntica de Cristo? Que ela nos confere a certeza de que aquilo em que cremos é realmente o que Cristo nos comunicou?

3. O último pensamento: a Igreja é apostólica, porque é *enviada a anunciar o Evangelho ao mundo inteiro*. Continua no caminho da história a mesma missão que Jesus confiou aos apóstolos: "Ide, pois, e ensinai todas as nações; batizai-as em nome do Pai e do Filho e do Espírito Santo. Ensinai-as a observar tudo quanto vos tenho mandado. Eu estarei convosco todos os dias, até ao fim do mundo".[4] Foi isso que Jesus pediu que fizéssemos! Insisto sobre esse aspecto da *missionariedade*, porque Cristo convida todos a "ir" ao encontro dos outros, envia-nos, pede que nos movamos para anunciar a alegria do Evangelho! Mais uma vez, nos perguntemos: somos missionários com a nossa palavra, mas, sobretudo, com a nossa vida cristã, com o nosso testemunho? Ou somos cristãos fechados no nosso coração e nas nossas igrejas, cristãos de sacristia? Cristãos apenas com palavras, mas que vivem como pagãos? Devemos fazer essas perguntas, que não constituem uma repreensão. Eu também digo a mim mesmo: como sou cristão, verdadeiramente com o testemunho?

A Igreja tem as suas raízes no ensinamento dos apóstolos, testemunhas autênticas de Cristo, mas olha para o futuro, tem a consciência firme de ser enviada — enviada por Jesus — para ser missionária, levando o nome de Jesus com a oração, o anúncio e o testemunho. Uma Igreja que se fecha em si mesma e no passado, uma Igreja que só considera as pequenas regras de hábitos e de atitudes é uma Igreja que trai sua própria identidade; uma Igreja fechada trai a identidade que lhe é própria! Então, voltemos a descobrir hoje toda a beleza e responsabilidade de ser Igreja apostólica! E recordemos: Igreja apostólica porque rezamos — a primeira tarefa — e porque anunciamos o Evangelho com a nossa vida e com as nossas palavras.

3

Em sintonia com o Espírito

SER GUIADO PELO ESPÍRITO SANTO

Gostaria de meditar sobre a ação que o Espírito Santo realiza ao guiar a Igreja e cada um de nós para a Verdade. O próprio Jesus diz aos discípulos: o Espírito Santo "ensinar-vos-á toda a verdade",[1] dado que Ele mesmo é "o Espírito da Verdade".[2]

Vivemos numa época em que se é bastante cético em relação à verdade. Bento XVI falou muitas vezes de relativismo, ou seja, da tendência a considerar que não existe nada de definitivo e a pensar que a verdade depende do consenso ou daquilo que nós queremos. Surge a dúvida: existe verdadeiramente "a" verdade? O que é "a" verdade? Podemos conhecê-la? Conseguimos encontrá-la? Aqui vem ao meu pensamento a pergunta do procurador romano Pôncio Pilatos, quando Jesus lhe revela o sentido profundo da sua missão: "Que é a verdade?".[3] Pilatos não consegue entender que "a" Verdade está diante dele, não consegue ver em Jesus o rosto da verdade, que é o rosto de Deus. E, no entanto, Jesus é precisamente isto: a Verdade que, na plenitude dos tempos, "se fez carne",[4] veio habitar no meio de nós para que nós a conhecêssemos. A verdade não se captura como uma coisa, mas a verdade se encontra. Não é uma posse, é um encontro com uma Pessoa.

Mas quem nos faz reconhecer que Jesus é "a" Palavra da verdade, o Filho unigênito de Deus Pai? São Paulo ensina que "ninguém pode dizer: "Jesus é o Senhor", a não ser sob a ação do Espírito Santo".[5] É precisamente o Espírito Santo, o dom de Cristo ressuscitado, que nos faz reconhecer a Verdade. Jesus o chama de "Paráclito", ou seja, "aquele que vem em ajuda", que está ao nosso lado para nos sustentar, nesse caminho de conhecimento; e, durante a última Ceia, Jesus garante aos discípulos que o Espírito Santo há de ensinar todas as coisas, recordando-lhes as suas palavras.[6]

Então, qual é a ação do Espírito Santo na nossa vida e na existência da Igreja, para nos guiar rumo à verdade? Antes de tudo, Ele recorda e imprime no coração dos fiéis as palavras que Jesus disse e, através de tais palavras, a lei de Deus — como tinham anunciado os profetas do Antigo Testamento — se inscreve no nosso coração e em nós se torna princípio de avaliação das escolhas e de orientação nas obras cotidianas, se torna princípio de vida. Realiza-se a grande profecia de Ezequiel: "Derramarei sobre vós águas puras, que vos purificarão de todas as vossas manchas e de todas as vossas abominações. Dar-vos-ei um coração novo e em vós porei um espírito novo... Dentro de vós colocarei o meu espírito, fazendo com que obedeçais às minhas leis e sigais e observeis os meus preceitos".[7] Com efeito, é do íntimo de nós mesmos que nascem as nossas obras: é precisamente o coração que deve converter-se a Deus, e o Espírito Santo transforma-o, se nós nos abrirmos a Ele.

Além disso, o Espírito Santo, como Jesus promete, orienta-nos "para toda a verdade";[8] nos guia não só para o encontro com Jesus, plenitude da Verdade, mas o faz inclusive "dentro" da Verdade, ou seja, nos faz entrar numa comunhão cada vez mais profunda com o próprio Jesus, nos proporcionando a compreensão das realidades de Deus. E não a podemos alcançar só com as nossas forças. Se Deus não nos iluminar interiormente, o nosso ser cristão será superficial. A tradição da Igreja afirma que o Espírito da verdade age no nosso coração, suscitando aquele "sentido da fé" (*sensus fidei*) através do qual, como afirma o Concílio Vaticano II, o Povo de Deus, sob a guia do magistério, adere indefectivelmente à fé transmitida, aprofunda-a com juízo reto e aplica-a mais plenamente na vida.[9] Procuremos nos perguntar: estou aberto à ação do Espírito Santo, peço que me conceda a luz, que me torne mais sensível às realidades de Deus? Esta é uma oração que devemos recitar todos os dias: "Espírito Santo, fazei com que o meu coração permaneça aberto à Palavra de Deus, que o meu coração esteja aberto ao bem, que o meu coração se abra à beleza de Deus todos os dias". Gostaria de dirigir uma pergunta a todos: quantos rezam todos os dias ao Espírito Santo? Serão poucos, mas nós temos que satisfazer esse desejo de Jesus e rezar todos os dias ao Espírito Santo, para que abra o nosso coração a Ele.

Pensemos em Maria, que "conservava todas estas palavras, meditando-as no seu coração".[10] Para que se torne vida, o acolhimento das palavras e das verdades da fé se realiza e se desenvolve sob a obra do Espírito Santo. Nesse sentido, é necessário aprender de Maria, reviver o seu "sim", a sua disponibilidade total a receber o Filho de Deus na sua vida, que se transforma a partir daquele momento. Através do Espírito Santo, o Pai e o Filho passam a habitar em nós: nós vivemos em Deus e de Deus. Mas a nossa vida é verdadeiramente animada por Deus? Quantas coisas ponho diante de Deus?

Estimados irmãos e irmãs, temos necessidade de nos deixarmos inundar pela luz do Espírito Santo, para que Ele nos introduza na Verdade de Deus, que é o único Senhor da nossa vida. Durante este *Ano da fé* interroguemo-nos se, concretamente, demos alguns passos para conhecer mais Cristo e as verdades da fé, lendo e meditando a Sagrada Escritura, estudando o Catecismo, frequentando com constância os Sacramentos. Mas perguntemo-nos, contemporaneamente, que passos estamos dando para que a fé oriente toda a nossa existência. Não se é cristão "às vezes", apenas em determinados momentos, em certas circunstâncias, em algumas escolhas. Não se pode ser cristão assim, somos cristãos em cada momento! Totalmente! A verdade de Cristo, que o Espírito Santo nos ensina e nos concede, diz respeito sempre e totalmente à nossa vida cotidiana. Invoquemos a Ele mais frequentemente, a fim de que nos oriente pelo caminho dos discípulos de Cristo. Invoquemos todos os dias. Faço esta proposta: invoquemos o Espírito Santo todos os dias, e assim o Espírito Santo nos aproximará de Jesus Cristo.

NOVIDADE, HARMONIA, MISSÃO

Durante o Pentecostes, contemplamos e revivemos na liturgia a efusão do Espírito Santo realizada por Cristo ressuscitado sobre a sua Igreja; um evento de graça que encheu o Cenáculo de Jerusalém para se estender ao mundo inteiro.

Então que aconteceu naquele dia tão distante de nós e, ao mesmo tempo, tão perto que alcança o íntimo do nosso coração? São Lucas dá-nos a resposta na passagem dos *Atos dos Apóstolos* que ouvimos.[1] O evangelista nos leva a Jerusalém, ao andar superior da casa onde se reuniram os apóstolos. A primeira coisa que chama a nossa atenção é o ruído repentino que vem do céu, "comparável ao de forte rajada de vento", e enche a casa; depois, as "línguas à maneira de fogo" que se iam dividindo e pousavam sobre cada um dos apóstolos. Ruído e línguas de fogo são sinais claros e concretos, que tocam os apóstolos não só externamente, mas também no seu íntimo: na mente e no coração. Em consequência, "todos ficaram cheios do Espírito Santo", que espalha seu dinamismo irresistível com efeitos surpreendentes: "começaram a falar outras línguas, conforme o Espírito lhes inspirava que se exprimissem". Abre-se então diante de nós um cenário totalmente inesperado: uma grande multidão aparece e fica muito admirada, porque cada qual ouve os apóstolos falarem na própria língua. É uma coisa nova, experimentada por todos e que nunca tinha sucedido antes: "Ouvimo-los falar nas nossas línguas". E de que falam? "Das grandes obras de Deus."

À luz desse texto dos *Atos*, gostaria de refletir sobre três palavras relacionadas com a ação do Espírito: novidade, harmonia e missão.

1. A *novidade* causa sempre um pouco de medo, porque nos sentimos mais seguros se temos tudo sob controle, se somos nós a construir, planejar, projetar a nossa vida de acordo com os nossos conceitos, as nossas seguranças, os nossos gostos. E isso se verifica também quando se trata de Deus. Muitas vezes seguimos e acolhemos a Ele, mas até certo ponto; sentimos dificuldade em nos entregarmos a Ele com plena confiança, deixando que o Espírito Santo seja a alma, o guia da nossa vida, em todas as decisões; temos medo que Deus nos faça seguir novas estradas, faça sair do nosso horizonte frequentemente limitado, fechado, egoísta, para nos abrir aos Seus horizontes. Mas, em toda a história da salvação, quando Deus Se revela, traz novidade — Deus traz sempre novidade —, transforma e pede para confiar totalmente Nele: Noé construiu uma arca, no meio da zombaria dos demais, e se salva; Abraão deixa a sua terra, tendo na mão apenas uma promessa; Moisés enfrenta o poder do Faraó e guia o povo para a liberdade; os apóstolos, antes temerosos e trancados no Cenáculo, saem corajosamente para anunciar o Evangelho. Não se trata de seguir a novidade pela novidade, a busca de coisas novas para se vencer o tédio, como sucede muitas vezes no nosso tempo. A novidade que Deus traz à nossa vida é verdadeiramente o que nos realiza, o que nos dá a verdadeira alegria, a verdadeira serenidade, porque Deus nos ama e quer apenas o nosso bem. Perguntemos hoje a nós mesmos: Permanecemos abertos às "surpresas de Deus"? Ou nos fechamos, com medo, à novidade do Espírito Santo? Mostramo-nos corajosos para seguir as novas estradas que a novidade de Deus nos oferece, ou ficamos defensivos, nos fechando em estruturas obsoletas que perderam a capacidade de acolhimento? Nos fará bem perguntarmos isso a cada dia.

2. Segundo pensamento: à primeira vista o Espírito Santo parece criar desordem na Igreja, porque traz a diversidade dos carismas, dos dons. Mas não; sob a sua ação, tudo isso é uma grande riqueza,

porque o Espírito Santo é o Espírito de unidade, que não significa uniformidade, mas a recondução do todo à *harmonia*. Quem faz a harmonia na Igreja é o Espírito Santo. Um dos padres da Igreja usa uma expressão de que gosto muito: o Espírito Santo "*ipse harmonia est* – Ele próprio é a harmonia". Só Ele pode suscitar a diversidade, a pluralidade, a multiplicidade e, ao mesmo tempo, realizar a unidade. Também aqui, quando nós queremos criar a diversidade nos fechando nos nossos particularismos, nos nossos exclusivismos, trazemos a divisão; e quando nós queremos criar a unidade segundo os nossos desígnios humanos, acabamos por trazer a uniformidade, a homogeneização. Se, pelo contrário, nos deixamos guiar pelo Espírito, a riqueza, a variedade, a diversidade nunca dão origem ao conflito, porque Ele nos impele a viver a variedade na comunhão da Igreja. O caminhar juntos na Igreja, guiados pelos pastores — que para isso têm um carisma e ministério especial — é sinal da ação do Espírito Santo; uma característica fundamental para cada cristão, cada comunidade, cada movimento é a *eclesialidade*. É a Igreja que me traz Cristo e me leva a Cristo; os caminhos paralelos são muito perigosos! Quando alguém se aventura ultrapassando (*proagon*) a doutrina e a Comunidade eclesial — diz o apóstolo João na sua Segunda Carta — e deixa de permanecer nelas, não está unido ao Deus de Jesus Cristo.[2] Por isso nos perguntemos: Estou aberto à harmonia do Espírito Santo, superando todo o exclusivismo? Deixo-me guiar por Ele, vivendo na Igreja e com a Igreja?

3. O último ponto. Diziam os teólogos antigos: a alma é uma espécie de barco a vela; o Espírito Santo é o vento que sopra na vela, impelindo-a para a frente; os impulsos e incentivos do vento são os dons do Espírito. Sem o seu incentivo, sem a sua graça, não vamos para a frente. O Espírito Santo nos faz entrar no mistério do Deus vivo e nos salva do perigo de uma Igreja gnóstica e de uma Igreja narcisista, fechada no seu recinto; nos empurra a abrir as portas e sair para anunciar e testemunhar a vida boa do Evangelho, para comunicar a alegria da fé, do encontro com Cristo. O Espírito Santo é a

44

alma da *missão*. O que aconteceu em Jerusalém, há quase 2 mil anos, não é um fato distante de nós, mas um fato que nos alcança e se torna experiência viva em cada um de nós. O Pentecostes do Cenáculo de Jerusalém é o início, um início que se prolonga. O Espírito Santo é o dom por excelência de Cristo ressuscitado aos seus apóstolos, mas Ele quer que chegue a todos. Como ouvimos no Evangelho, Jesus diz: "Eu apelarei ao Pai e Ele vos dará outro Paráclito para que esteja sempre convosco".[3] É o Espírito Paráclito, o "Consolador", que dá a coragem de levar o Evangelho pelas estradas do mundo! O Espírito Santo ergue o nosso olhar para o horizonte e nos impele para as periferias da existência a fim de anunciar a vida de Jesus Cristo. Perguntemos se tendemos a nos fechar em nós mesmos, no nosso grupo, ou se deixamos que o Espírito Santo nos abra à missão. Recordemos hoje estas três palavras: novidade, harmonia, missão.

4

O Anúncio e o testemunho

NÃO TER MEDO

No tema do anúncio e do testemunho, gostaria de meditar brevemente sobre o trecho de Atos dos Apóstolos[1] que se lê na Liturgia do terceiro domingo de Páscoa. Esse texto recorda que a primeira pregação dos apóstolos em Jerusalém encheu a cidade com a notícia de que Jesus tinha verdadeiramente ressuscitado, segundo as Escrituras, e era o Mestre anunciado pelos Profetas. Os sumos sacerdotes e os chefes da cidade procuraram suprimir desde o princípio a comunidade dos crentes em Cristo e mandaram prender os apóstolos, ordenando que já não ensinassem no Seu nome. Mas Pedro e os outros Onze responderam: "Importa obedecer antes a Deus do que aos homens. O Deus dos nossos pais ressuscitou Jesus... Deus elevou-o à mão direita, como Príncipe e Salvador... E destes acontecimentos nós e o Espírito Santo somos testemunhas".[2] Então, mandaram flagelar os apóstolos e voltaram a ordenar que deixassem de falar em nome de Jesus. E eles partiram, assim recorda a Escritura, "cheios de alegria, por terem sido achados dignos de sofrer afrontas por causa do nome de Jesus".[3]

Pergunto: onde encontravam os primeiros discípulos a força para esse seu testemunho? Mas não só isso: de onde lhes sobrevinham a alegria e a coragem do anúncio, não obstante os obstáculos e as violências? Não esqueçamos que os apóstolos eram pessoas simples, não eram escribas, doutores da lei, nem pertenciam à classe sacerdotal. Como conseguiram, com os seus limites e hostilizados pelas autoridades, encher Jerusalém com o seu ensinamento?[4] É claro que só a presença do Senhor ressuscitado entre eles e a ação do Espírito Santo podem explicar esse acontecimento. Só o Senhor que estava com eles e o Espírito que os impelia à pregação explicam esse evento extraordinário. A sua fé se baseava numa experiência tão forte e pessoal de Cristo morto e ressuscitado que não tinham medo de nada e de ninguém, e chegavam a ver as perseguições como um motivo de honra, que lhes permitia seguir os passos de Jesus e assemelhar-se a Ele, testemunhando com a própria vida.

LEVAR A PALAVRA DE DEUS

Impressiona a força de Pedro e dos outros apóstolos. À ordem de não falar nem ensinar no nome de Jesus, de não anunciar mais a sua mensagem, respondem com clareza: "Importa mais obedecer a Deus do que aos homens". E nem o fato de serem flagelados, ultrajados, encarcerados os deteve. Pedro e os apóstolos anunciam, com coragem e desassombro, aquilo que receberam: o Evangelho de Jesus. E nós? Somos nós capazes de levar a Palavra de Deus aos nossos ambientes de vida? Sabemos falar de Cristo, do que Ele significa para nós, em família, com as pessoas que fazem parte da nossa vida diária? A fé nasce da escuta, e se fortalece no anúncio.

Mas, daremos mais um passo: o anúncio de Pedro e dos apóstolos não é feito apenas com palavras, mas a fidelidade a Cristo toca as suas vidas, que se modificam, recebem uma nova direção, e é precisamente com as suas vidas que dão testemunho da fé e anunciam Cristo. No Evangelho, Jesus pede três vezes a Pedro que apascente o seu rebanho e o faça com todo o seu amor, profetizando: "Quando fores velho, estenderás as mãos e outro te há de atar o cinto e levará para onde não queres".[1] Trata-se de uma palavra dirigida primariamente a nós, pastores: não se pode apascentar o rebanho de Deus, se não aceita ser conduzido pela vontade de Deus mesmo para onde não queremos, se não estamos prontos a testemunhar Cristo com o dom de nós mesmos, sem reservas nem cálculos, por vezes à custa da nossa própria vida. Mas isto vale para todos: temos de anunciar e testemunhar o Evangelho. Cada um deveria interrogar-se: Como testemunho Cristo com a minha fé? Tenho a coragem de Pedro e dos outros apóstolos para pensar, decidir e viver como cristão, obedecendo a Deus? É certo que o testemunho da fé se reveste de muitas formas, como sucede num grande mosaico que apresenta uma grande variedade de cores e tonalidades; todas, porém, são importantes, mesmo aquelas que não sobressaem. No grande desígnio de Deus, cada detalhe é importante, incluindo o teu, o meu pequeno e humilde testemunho, mesmo o testemunho oculto de quem vive a sua fé, com simplicidade, nas suas relações diárias de família, de trabalho, de amizade. Existem os santos de todos os dias, os santos "escondidos", uma espécie de "classe média da santidade" — como dizia um escritor francês —, aquela "classe média da santidade" da qual todos podemos fazer parte. Mas há também, em diversas partes do mundo, quem sofra — como Pedro e os apóstolos — por causa do Evangelho; há quem dê a própria vida para permanecer fiel a Cristo, com um testemunho que é pago com o preço do sangue. Recordemos bem todos nós: não se pode anunciar o Evangelho de Jesus sem o testemunho concreto da vida. Quem nos ouve e vê, deve poder ler nas nossas ações aquilo que ouve da nossa boca, e dar glória a Deus! Isso traz à mente um conselho que são Francisco de Assis dava aos seus irmãos: Pregai o Evangelho; se necessário, use as palavras. Pregar com a vida: o testemunho. A incoerência dos fiéis e dos pastores entre aquilo que dizem e o que fazem, entre a palavra e a maneira de viver mina a credibilidade da Igreja.

Mas tudo isso só é possível se reconhecermos Jesus Cristo; pois foi Ele que nos chamou, nos convidou a seguir o Seu caminho, nos escolheu. Só é possível anunciar e dar testemunho, se estivermos unidos a Ele, como, no texto do Evangelho de João, em que Pedro, João e os outros discípulos estão ao redor de Jesus ressuscitado; vivem uma intimidade diária com Ele, sabem bem quem Ele é, o conhecem. O evangelista sublinha que "nenhum dos discípulos se atrevia a perguntar-Lhe: 'Quem és tu?', porque bem sabiam que era o Senhor".[2] Está aqui um dado importante para nós: temos de viver num relacionamento intenso com Jesus, numa intimidade tal, feita de diálogo e de vida, que O reconheçamos como "o Senhor". Adorá--Lo! A passagem que ouvimos do Apocalipse, nos fala da adoração: as miríades de anjos, todas as criaturas, os seres vivos, os anciãos prostram-se em adoração diante do trono de Deus e do Cordeiro sacrificado, que é Cristo e para quem é dirigido o louvor, a honra e a glória.[3] Gostaria que todos se interrogassem: Adoramos o Senhor? Vamos ter com Deus só para pedir, para agradecer, ou vamos até Ele também para O adorar? Mas então que significa adorar a Deus? Significa aprender a estar com Ele, demorar-se em diálogo com Ele, sentindo a sua presença como a mais verdadeira, a melhor, a mais importante de todas. Cada um de nós possui na própria vida, de forma mais ou menos consciente, uma ordem bem definida das coisas que são consideradas mais ou menos importantes. Adorar o Senhor quer dizer dar o lugar que Ele deve ter; adorar o Senhor significa afirmar, crer — e não apenas por palavras — que Ele é o único que guia verdadeiramente a nossa vida; adorar o Senhor quer dizer que vivemos na sua presença convencidos de que é o único Deus, o Deus da nossa vida, o Deus da nossa história.

Daqui deriva uma consequência para a nossa vida: abandonar os numerosos ídolos, pequenos ou grandes, que temos e nos quais nos refugiamos, nos quais buscamos e muitas vezes colocamos a nossa segurança. São ídolos que frequentemente conservamos bem escondidos; podem ser a ambição, o carreirismo, o gosto do sucesso, o sobressair, a tendência a prevalecer sobre os outros, a pretensão de sermos os únicos senhores da nossa vida, qualquer pecado ao qual estamos presos, entre muitos outros. Há uma pergunta que eu queria que ressoasse, esta tarde, no coração de cada um de nós e que lhe respondêssemos com sinceridade: Já pensei qual possa ser o ídolo escondido na minha vida que me impede de adorar o Senhor? Adorar é abandonarmos os nossos ídolos, mesmo os mais escondidos, e escolher o Senhor como centro, como via mestra da nossa vida.

CHAMADOS PARA ANUNCIAR O EVANGELHO

Gostaria ainda de refletir com vocês sobre três aspectos da nossa vocação: chamados por Deus; chamados para anunciar o Evangelho; chamados a promover a cultura do encontro.

1. *Chamados por Deus.* Creio que seja importante reavivar sempre em nós esta realidade que, frequentemente, esquecemos em meio a tantas atividades do dia a dia: "Não fostes vós que me escolhestes, mas eu que vos escolhi", diz Jesus.[1] Significa retornar à fonte da nossa chamada. Por isso, um bispo, um sacerdote, um consagrado, uma consagrada, um seminarista não pode ser "desmemoriado": perde a referência essencial do momento inicial do seu caminho. Devemos pedir a graça, pedir à Virgem Maria, a Ela que tinha boa memória; devemos pedir a graça de ser pessoas que conservam a memória desse primeiro chamado. Fomos chamados por Deus, e chamados para permanecer com Jesus,[2] unidos a Ele. Na realidade, esse viver, esse permanecer em Cristo configura tudo aquilo que somos e fazemos. É justamente essa "vida em Cristo" que garante a nossa eficácia apostólica, a fecundidade do nosso serviço: "Eu vos designei para irdes e para que produzais fruto e o vosso fruto permaneça".[3] Não é a criatividade, por mais pastoral que seja, não são as reuniões ou planejamentos que garantem os frutos, embora ajudem e muito; aquilo que assegura o fruto é ser fiel a Jesus, que nos diz com insistência: "Permanecei em mim, e eu permanece-

rei em vós".[4] E nós sabemos bem o que isso significa: Contemplá-Lo, adorá-Lo e abraçá-Lo no nosso encontro diário com Ele na Eucaristia, na nossa vida de oração, nos nossos momentos de adoração; reconhecê-Lo presente e abraçá-Lo também nas pessoas mais necessitadas. O "permanecer" com Cristo não significa se isolar, mas é um permanecer para ir ao encontro dos demais. Aqui quero lembrar algumas palavras da Bem-aventurada Madre Teresa de Calcutá. Diz assim: "Devemos estar muito orgulhosas da nossa vocação, que nos dá a oportunidade de servir Cristo nos pobres. É nas favelas, nos *cantegriles*, nas *villas miseria* que nós devemos ir procurar e servir a Cristo. Devemos ir até eles como o sacerdote se aproxima do altar, cheio de alegria".[5] Jesus é o Bom Pastor, é o nosso verdadeiro tesouro; por favor, não o apaguemos da nossa vida! Estabeleçamos cada vez mais o nosso coração Nele.[6]

2. *Chamados para anunciar o Evangelho.* Muitos de vocês, queridos bispos e sacerdotes, se não todos, vieram acompanhar seus jovens à Jornada Mundial. Eles também ouviram as palavras do mandato de Jesus: "Ide e fazei discípulos entre todas as nações".[7] É nosso compromisso de pastores ajudá-los a fazer arder, no seu coração, o desejo de serem discípulos missionários de Jesus. Certamente muitos poderiam sentir-se um pouco atemorizados diante desse convite, imaginando que ser missionário signifique necessariamente deixar o País, a família e os amigos. Deus pede para sermos missionários. Mas onde? Onde Ele mesmo nos colocar, na nossa pátria ou em outro lugar. Ajudemos os jovens. Estejam os nossos ouvidos atentos para escutar as suas ilusões — tem necessidade de ser escutadas —, para ouvir os seus sucessos, para ouvir as suas dificuldades. É preciso sentar-se, talvez escutando o mesmo relatório com uma música diferente, com identidades diversas. A paciência de escutar: isso peço com todo o coração. No confessionário, na direção espiritual, no acompanhamento. Saibamos perder tempo com eles. Semear custa e cansa; cansa muitíssimo! É muito mais gratificante alegrar-se com a colheita! Vejam a nossa esperteza! Todos nos alegramos mais com a colheita, e, todavia, Jesus nos pede para semear, e semear com seriedade.

Não poupemos forças na formação da juventude! São Paulo usa uma expressão, que se tornou realidade na sua vida, dirigindo-se aos seus cristãos: "Meus filhos, por vós sinto de novo as dores do parto até Cristo ser formado em vós".[8] Também nós façamos com que isso se torne realidade no nosso ministério! Ajudemos os nossos jovens a descobrir a coragem e a alegria da fé, a alegria de ser pessoalmente amado por Deus. Isso é muito difícil, mas quando um jovem o compreende, quando um jovem o ouve com a unção que o Espírito Santo dá, este "ser pessoalmente amado por Deus" acompanha-o depois durante toda a vida; ajudemo-los a descobrir a alegria de saber que Deus deu o seu Filho Jesus para a nossa salvação. Eduquemo-los para a missão, para sair, para partir, para serem "caixeiros-viajantes" da fé. Assim fez Jesus com os seus discípulos: não os manteve colados a si, como uma galinha com os seus pintinhos; Ele os enviou! Não podemos ficar fechados na paróquia, nas nossas comunidades, na nossa instituição paroquial ou na nossa instituição diocesana, quando há tanta gente esperando o Evangelho! Mas sair... enviados. Não se trata simplesmente de abrir a porta para que venham, para acolher, mas de sair pela porta fora para procurar e encontrar. Incitemos os jovens para sair. Vão certamente fazer asneiras... não tenhamos medo! Os apóstolos fizeram antes de nós. Incitemos os jovens a sair. Decididamente pensemos a pastoral a partir da periferia, daqueles que estão mais afastados, daqueles que habitualmente não frequentam a paróquia. Eles são os convidados VIP. Saiamos à sua procura nos cruzamentos das estradas.

3. Primeiro, ser chamados por Jesus; segundo, ser chamados a evangelizar; e, terceiro, ser *chamados a promover a cultura do encontro*. Em muitos ambientes, e de maneira geral nesse humanismo economicista que se impôs no mundo, ganhou espaço a cultura da exclusão, a "cultura do descartável". Não há lugar para o idoso, nem para o filho indesejado; não há tempo para se deter com o pobre na estrada. Às vezes parece que, para alguns, as relações humanas sejam regidas por dois "dogmas" modernos: eficiência e pragmatismo. Queridos

bispos, sacerdotes, religiosos, religiosas e também vocês, seminaristas, que se preparam para o ministério, tenham a coragem de ir contra a corrente dessa cultura. Tenham a coragem! Lembrem uma coisa — a mim faz muito bem e medito nela frequentemente — que está no Primeiro Livro dos Macabeus: lembram quando muitos — não os irmãos Macabeus — quiseram se acomodar à cultura do tempo: "Não! Deixemo-los lá! Não! Comamos de tudo, como toda a gente... Está bem a Lei, mas que não seja tão..." E acabaram por deixar a fé para entrar na corrente dessa cultura. Vocês tenham a coragem de ir contra a corrente dessa cultura eficientista, dessa cultura do descarte. O encontro e o acolhimento de todos, a solidariedade — uma palavra que está se escondendo nessa cultura, como se fosse um palavrão —, a solidariedade e a fraternidade são elementos que tornam a nossa civilização verdadeiramente humana.

Temos de ser servidores da comunhão e da cultura do encontro. Quero vocês quase obsessivos nesse aspecto! E sem sermos presunçosos, impondo as "nossas verdades", mas guiados pela certeza humilde e feliz de quem foi encontrado, alcançado e transformado pela Verdade que é Cristo, e não pode deixar de anunciá-la.[9]

COMUNICAR ESPERANÇA E ALEGRIA

Gostaria de chamar a atenção para três simples posturas: Conservar a esperança; deixar-se surpreender por Deus; viver na alegria.
1. *Conservar a esperança.* O livro do Apocalipse apresenta uma cena dramática: uma mulher — figura de Maria e da Igreja — sendo perseguida por um Dragão — o diabo — que quer lhe devorar o filho. A cena, porém, não é de morte, mas de vida, porque Deus intervém e coloca o filho a salvo.[1] Quantas dificuldades na vida de cada um, no nosso povo, nas nossas comunidades, mas, por maiores que possam parecer, Deus nunca deixa que sejamos submergidos. Frente ao desânimo que poderia aparecer na vida, em quem trabalha na evangeliza-

ção ou em quem se esforça por viver a fé como pai e mãe de família, quero dizer com força: Tenham sempre no coração esta certeza! Deus caminha a seu lado, nunca lhes deixa desamparados! Nunca percamos a esperança! Nunca deixemos que ela se apague nos nossos corações! O "dragão", o mal, se faz presente na nossa história, mas ele não é o mais forte. Deus é o mais forte, e Deus é a nossa esperança! É verdade que hoje, mais ou menos todas as pessoas, e também os nossos jovens, experimentam o fascínio de tantos ídolos que se colocam no lugar de Deus e parecem dar esperança: o dinheiro, o poder, o sucesso, o prazer. Frequentemente, uma sensação de solidão e de vazio entra no coração de muitos e conduz à busca de compensações, desses ídolos passageiros. Queridos irmãos e irmãs, sejamos luzeiros de esperança! Tenhamos uma visão positiva sobre a realidade. Encorajemos a generosidade que caracteriza os jovens, acompanhando-lhes no processo de se tornarem protagonistas da construção de um mundo melhor: eles são um motor potente para a Igreja e para a sociedade. Eles não precisam só de coisas, precisam, sobretudo, que sejam propostos aqueles valores imateriais que são o coração espiritual de um povo, a memória de um povo. Neste Santuário, que faz parte da memória do Brasil, podemos quase que apalpá-los: espiritualidade, generosidade, solidariedade, perseverança, fraternidade, alegria; trata-se de valores que encontram a sua raiz mais profunda na fé cristã.

2. A segunda postura: *Deixar-se surpreender por Deus*. Quem é homem e mulher de esperança — a grande esperança que a fé nos dá — sabe que, mesmo em meio às dificuldades, Deus atua e nos surpreende. A história deste Santuário serve de exemplo: três pescadores, depois de um dia sem conseguir apanhar peixes, nas águas do Rio Parnaíba, encontram algo inesperado: uma imagem de Nossa Senhora da Conceição. Quem poderia imaginar que o lugar de uma pesca infrutífera se tornaria o lugar onde todos os brasileiros podem se sentir filhos de uma mesma Mãe? Deus sempre surpreende, como o vinho novo, no Evangelho que ouvimos. Deus sempre nos reserva o melhor. Mas pede que nos deixemos surpreender pelo seu amor, que

acolhamos as suas surpresas. Confiemos em Deus! Longe Dele, o vinho da alegria, o vinho da esperança, se esgota. Se nos aproximamos Dele, se permanecemos com Ele, aquilo que parece água fria, aquilo que é dificuldade, aquilo que é pecado, se transforma em vinho novo de amizade com Ele.

3. A terceira postura: *Viver na alegria*. Queridos amigos, se caminhamos na esperança, nos deixando surpreender pelo vinho novo que Jesus nos oferece, há alegria no nosso coração e não podemos deixar de ser testemunhas dessa alegria. O cristão é alegre, nunca está triste. Deus nos acompanha. Temos uma Mãe que sempre intercede pela vida dos seus filhos, por nós. Jesus nos mostrou que a face de Deus é a de um Pai que nos ama. O pecado e a morte foram derrotados. O cristão não pode ser pessimista! Não pode ter uma cara de quem parece estar num constante estado de luto. Se estivermos verdadeiramente enamorados de Cristo e sentirmos o quanto Ele nos ama, o nosso coração se "incendiará" de tal alegria que contagiará quem estiver ao nosso lado.

ENTREGAR TUDO

Aquele que perscruta os corações[1] se faz mendigo de amor e nos interroga sobre a única questão verdadeiramente essencial, premissa e condição para apascentar as suas ovelhas, os seus cordeiros, a sua Igreja. Cada ministério se baseia nessa intimidade com o Senhor; viver dele é a medida do nosso serviço eclesial, que se exprime na disponibilidade à obediência, à humilhação, como ouvimos na Carta aos Filipenses, e à doação total.[2]

De resto, a consequência do amar o Senhor é entregar tudo — tudo, até a própria vida — por Ele: é isso que deve distinguir o nosso ministério pastoral; é a prova definitiva que nos diz com que profundidade nós abraçamos o dom recebido, respondendo à chamada de Jesus, e quanto estamos ligados às pessoas e às comunidades que nos foram confiadas. Não somos expressão de uma estrutura, nem de uma necessidade organizativa: também com o serviço da nossa autoridade somos chamados a ser sinal da presença e da ação do Senhor ressuscitado, portanto, a edificar a comunidade na caridade fraterna.

Não é uma certeza: com efeito, até o maior amor, quando não é alimentado continuamente, debilita-se e apaga-se. Não é sem motivo que o apóstolo Paulo admoesta: "Cuidai de vós mesmos e de todo o rebanho sobre o qual o Espírito Santo vos constituiu bispos, para apascentar a Igreja de Deus, que Ele adquiriu com o Seu próprio sangue".[3]

A falta de vigilância — como sabemos — torna o pastor insípido; o deixa distraído, esquecido e até intolerante; o seduz com a perspectiva da carreira, a sedução do dinheiro e os compromissos com o espírito do mundo; o torna negligente, o transforma num funcionário, num clérigo de Estado, preocupado mais consigo mesmo, com a organização e com as estruturas, do que com o verdadeiro bem do Povo de Deus. Então, como o apóstolo Pedro, corremos o risco de renegar o Senhor, embora formalmente nos apresentemos e falemos em seu nome; ofusca-se a santidade da mãe Igreja hierárquica, tornando-a menos fecunda.

Irmãos, quem somos nós diante de Deus? Quais são as nossas provas? Temos muitas; cada um de nós tem as suas. O que nos diz Deus através delas? No que nos apoiamos para as superar?

Como para Pedro, a pergunta insistente e urgente de Jesus pode nos deixar desolados e ainda mais conscientes da debilidade da nossa liberdade, ameaçada como é por mil condicionamentos internos e externos, que muitas vezes suscitam confusão, frustração e até incredulidade.

Sem dúvida, não são esses os sentimentos e as atitudes que o Senhor pretende suscitar; ao contrário, quem se aproveita deles é o Inimigo, o Diabo, para isolar na amargura, na lamúria e no desânimo.

Jesus, Bom Pastor, não humilha nem abandona ao remorso: nele fala a ternura do Pai, que consola e relança; faz passar da desagregação da vergonha — porque verdadeiramente a vergonha nos desagrega — para o tecido da confiança; restitui a coragem, atribui novas responsabilidades e entrega à missão.

Pedro, purificado no fogo do perdão, pôde dizer humildemente: "Senhor, Tu sabes tudo, Tu sabes que te amo".[4] Estou persuadido de que todos nós podemos dizê-lo de coração. E Pedro, purificado, na sua Primeira carta exorta a apascentar "o rebanho de Deus [...]. Tende cuidado dele, não constrangidos, mas espontaneamente [...], não por amor a interesses vergonhosos, mas com dedicação, não como dominadores absolutos sobre as comunidades que vos são confiadas, mas como modelos do vosso rebanho".[5]

Sim, ser pastor significa acreditar cada dia na graça e na força que nos vêm do Senhor, não obstante a nossa debilidade, e assumir até o fundo a responsabilidade de caminhar *diante* do rebanho, livres de pesos que impedem a sadia disponibilidade apostólica, e sem hesitações na orientação, para tornar reconhecível a nossa voz, quer por quantos abraçaram a fé, quer por aqueles que ainda "não são deste aprisco":[6] somos chamados a fazer nosso o sonho de Deus, cuja casa não conhece exclusão de pessoas ou de povos, como anunciava profeticamente Isaías.[7]

Por isso, ser pastor quer dizer também dispor-se a caminhar *no meio* e *atrás* do rebanho: ser capaz de ouvir a narração silenciosa dos que sofrem e de acompanhar o passo de quem tem medo de vacilar; atento a levantar de novo, a acalentar e a infundir esperança. Da partilha com os humildes, a nossa fé sai sempre fortalecida: portanto, deixemos de lado qualquer forma de soberba, para nos debruçarmos sobre quantos o Senhor confiou à nossa solicitude.

5

Cristãos o tempo todo

SAIRMOS DE NÓS MESMOS

O que quer dizer a Semana Santa para nós? O que significa seguir Jesus no seu caminho no Calvário rumo à cruz e à Ressurreição? Na sua missão terrena, Jesus percorreu as estradas da Terra Santa; chamou doze pessoas simples, para que permanecessem com Ele, compartilhassem o seu caminho e continuassem a sua missão; escolheu-as do meio do povo cheio de fé nas promessas de Deus. Falou a todos, sem distinção, aos grandes e aos humildes, ao jovem rico e à viúva pobre, aos poderosos e os frágeis; levou a misericórdia e o perdão de Deus; curou, confortou e compreendeu; infundiu esperança; levou a todos a presença do Deus que se interessa por cada homem e mulher, como faz um bom pai e uma boa mãe para com cada um dos seus filhos. Deus não esperou que fôssemos ter com Ele, mas foi Ele que caminhou ao nosso encontro, sem cálculos, sem medidas. Deus é assim: Ele dá sempre o primeiro passo, é Ele que vem ao nosso encontro. Jesus viveu as realidades diárias das pessoas mais comuns: comoveu-se diante da multidão que parecia um rebanho sem pastor; chorou perante o sofrimento de Marta e Maria, devido à morte do irmão Lázaro; chamou um publicano para ser seu discípulo; sofreu até a traição de um amigo. Nele Deus conferiu-nos a certeza de que está conosco, no meio de nós. "As raposas — disse Jesus — têm as suas tocas, e as aves do céu, os seus ninhos, mas o Filho do Homem não tem onde repousar a cabeça".[1] Jesus não tem uma casa porque a sua casa é o povo, somos nós, a sua missão consiste em abrir as portas de Deus para todos, em ser a presença de amor de Deus.

Na Semana Santa nós vivemos o ápice desse caminho, desse desígnio de amor que atravessa toda a história das relações entre Deus e a humanidade. Jesus entra em Jerusalém para dar o último passo, que resume toda a sua existência: se entrega totalmente, nada conserva para si, nem sequer a vida. Na Última Ceia, com os seus amigos, partilha o pão e distribui o cálice "por nós". O Filho de Deus se oferece a nós, entrega nas nossas mãos o seu Corpo e o seu Sangue para estar sempre conosco, para habitar no meio de nós. E no Horto das Oliveiras, como no processo diante de Pilatos, não opõe resistência, entrega-se; é o Servo sofredor prenunciado por Isaías que se despoja de si mesmo até a morte.[2]

Jesus não vive esse amor que conduz ao sacrifício de modo passivo ou como um destino fatal; sem dúvida, não esconde a sua profunda perturbação diante da morte violenta, mas entrega-se ao Pai com plena confiança. Jesus entregou-se voluntariamente à morte para corresponder ao amor de Deus Pai, em união perfeita com a sua vontade, para demonstrar o seu amor por nós. Na cruz, Jesus "amou-me e entregou-Se a si mesmo por mim".[3] Cada um de nós pode dizer: amou-me e entregou-Se por mim. Cada um pode dizer esse "por mim".

O que significa tudo isso para nós? Significa que esse é também o meu, o teu, o nosso caminho. Viver a Semana Santa seguindo Jesus não só com a comoção do coração; viver a Semana Santa seguindo Jesus quer dizer aprender a sairmos de nós mesmos — como eu disse antes — para ir ao encontro dos outros, para ir às periferias da existência, sermos os primeiros a ir ao encontro dos nossos irmãos e irmãs, sobretudo dos mais distantes, de quantos estão esquecidos, dos que têm mais necessidade de compreensão, conforto e ajuda. Há muita necessidade de levar a presença viva de Jesus misericordioso e rico de amor!

Viver a Semana Santa significa entrar cada vez mais na lógica de Deus, na lógica da cruz, que não é em primeiro lugar a da dor e da morte, mas do amor e do dom de si que dá vida. Significa entrar na lógica do Evangelho. Seguir, acompanhar Cristo, permanecer com Ele exige um "sair", sair. Sairmos de nós mesmos, de um modo de viver a fé cansado e rotineiro, da tentação de nos fecharmos nos nossos esquemas, que acabam por fechar o horizonte da obra criativa de Deus. Deus saiu de si mesmo para vir ao meio de nós, montou a Sua tenda entre nós, para nos trazer a Sua misericórdia que salva e dá esperança. Também nós, se quisermos segui-Lo e permanecer com Ele, não devemos contentar-nos em permanecer no recinto das noventa e nove ovelhas, mas temos que "sair", procurar com Ele a ovelha tresmalhada, a mais distante. Recordai bem: sairmos de nós, como Jesus, como Deus saiu de si mesmo em Jesus, e Jesus saiu de si próprio por todos nós.

Alguém poderia dizer-me: "Mas, padre, não tenho tempo", "tenho muitas coisas para fazer", "é difícil", "o que posso fazer com as minhas poucas forças, também com o meu pecado, com tantas coisas?". Muitas vezes nos contentamos com algumas preces, com uma Missa dominical distraída e inconstante, com alguns gestos de caridade, mas não temos essa coragem de "sair" para anunciar Cristo. Somos um pouco como são Pedro. Assim que Jesus fala de paixão, morte e ressurreição, de dom de si, de amor por todos, o apóstolo o chama à parte e o repreende. Aquilo que Jesus diz altera os seus planos, parece inaceitável, põe em dificuldade as seguranças que tinha construído para si, a sua ideia de Messias. Jesus olha para os discípulos e dirige a Pedro talvez uma das palavras mais duras dos Evangelhos: "Afasta-te de mim, Satanás, porque os teus sentimentos não são de Deus, mas dos homens".[4] Deus pensa sempre com misericórdia: não o esqueçais. Deus pensa sempre com misericórdia: é o Pai misericordioso! Deus pensa como o pai que espera o regresso do filho e vai ao seu encontro; o vê chegar, e quando ainda está longe... Que significa? Que todo o dia ia ver se o filho voltava para casa: este é o nosso Pai misericordioso. É o sinal pelo qual esperava, de coração, na varanda da sua casa. Deus pensa como o samaritano, que não passa perto do desventurado, comiserando-o ou desviando o olhar, mas socorrendo-o sem nada pedir em troca; sem lhe perguntar se era judeu, pagão, samaritano, rico ou pobre: nada lhe pergunta. Não lhe pergunta essas coisas, nada pergunta. Vai a sua ajuda: Deus é assim. Deus pensa como o pastor que dá a sua vida para defender e salvar as ovelhas.

A Semana Santa é um tempo de graça que o Senhor nos concede para *abrir as portas* do nosso coração, das nossas vidas, das nossas paróquias — que lástima, tantas paróquias fechadas! — dos movimentos, das associações, e "sair" ao encontro dos outros, aproximar-nos para levar a luz e a alegria da nossa fé. Sair sempre! E isso com amor, e com a ternura de Deus, no respeito e na paciência, conscientes de que nós oferecemos as nossas mãos, os nossos pés e o nosso coração, mas depois é Deus quem os guia e torna fecunda cada uma das nossas obras.

CAMINHAR

É uma das palavras que prefiro, quando penso no cristão e na Igreja. [...] Penso que esta é verdadeiramente a experiência mais bonita que nós vivemos: fazer parte de um povo a caminho, a caminho na história, juntamente com o seu Senhor, que caminha no meio de nós! Não vivemos isolados, não caminhamos sozinhos, mas fazemos parte do único rebanho de Cristo, que caminha unido.

Aqui, volto a pensar em vós, sacerdotes, e permiti que me una também eu a vós. O que existe de mais bonito para nós, do que caminhar com o nosso povo? É bonito! Quando eu penso nos párocos que conheciam o nome das pessoas da paróquia, que iam encontrá-las...

inclusive como alguém me dizia: "Conheço o nome do cão de cada família"; conheciam até o nome do cão! Como isso era bonito! O que há de mais bonito? Repito com frequência: caminhar com o nosso povo, por vezes à frente, por vezes no meio e outras atrás: à frente, para guiar a comunidade; no meio, para a animar e sustentar; atrás, para a manter unida, a fim de que ninguém se atrase demais, para a conservar unida e também por outro motivo: porque o povo intui! Tem a sensibilidade para encontrar novas sendas para o caminho, tem o *sensus fidei*, como dizem os teólogos. O que existe de mais bonito?

Mas o mais importante é caminhar juntos, colaborando, ajudando-se uns aos outros; pedir desculpa, reconhecer os próprios erros e pedir perdão, mas também aceitar a desculpa dos outros, perdoando — como isso é importante! Às vezes penso nos casais que, depois de muitos anos, se separam. "Eh... não, não nos entendemos, nos afastamos um do outro." Talvez não tenham sabido pedir desculpa a tempo. Talvez não tenham sabido perdoar a tempo. E aos recém-casados, dou sempre este conselho: "Discuti quanto quiserdes. Não vos importeis se voam pratos. Mas nunca termineis o dia sem fazer as pazes! Nunca!". E se os casais aprenderem a dizer: "Ah, desculpa, eu estava cansado", ou apenas um pequeno gesto: é essa a paz; e retomai a vida no dia seguinte. Esse é um belo segredo, e evita as separações dolorosas. Como é importante caminhar unidos, sem fugir, sem saudades do passado. E enquanto caminham, falam um com o outro, se conhecem, se comunicam reciprocamente e crescem como família. Aqui, perguntamos: como caminhamos? Como caminha a nossa realidade diocesana? Caminha unida? E o que faço para que ela caminhe verdadeiramente unida?

TOMAR A CRUZ

Jesus entra em Jerusalém. A multidão dos discípulos O acompanha em festa, os mantos são estendidos diante Dele, fala-se dos prodígios que realizou, ergue-se um grito de louvor: "Bendito seja o Rei que vem em nome do Senhor! Paz no céu e glória nas alturas!".[1]

Multidão, festa, louvor, bênção, paz: respira-se um clima de alegria. Jesus despertou tantas esperanças no coração, especialmente das pessoas humildes, simples, pobres, abandonadas, pessoas que não contam aos olhos do mundo. Soube compreender as misérias humanas, mostrou o rosto misericordioso de Deus e Se humilhou para curar o corpo e a alma.

Assim é Jesus. Assim é o seu coração, que nos vê a todos, que vê as nossas enfermidades, os nossos pecados. Grande é o amor de Jesus! E entra em Jerusalém assim com esse amor que nos vê a todos. É um espetáculo lindo: cheio de luz — a luz do amor de Jesus, do amor do Seu coração —, de alegria, de festa.

No início da Missa, também nós o reproduzimos. Agitamos os nossos ramos de palmeira. Também nós acolhemos Jesus; também nós manifestamos a alegria de O acompanhar, de O sentir perto de nós, presente em nós e no nosso meio, como um amigo, como um irmão, mas também como rei, isto é, como farol luminoso da nossa vida. Jesus é Deus, mas desceu a caminhar conosco como nosso amigo, como nosso irmão; e aqui nos ilumina ao longo do caminho. E assim hoje O acolhemos. E aqui temos a primeira palavra que vos queria dizer: *alegria*! Nunca sejais homens e mulheres tristes: um cristão não o pode ser jamais! Nunca vos deixeis invadir pelo desânimo! A nossa alegria não nasce do fato de possuirmos muitas coisas, mas de termos encontrado uma Pessoa: Jesus, que está no meio de nós; nasce do fato de sabermos que, com Ele, nunca estamos sozinhos, mesmo nos momentos difíceis, mesmo quando o caminho da vida é confrontado com problemas e obstáculos que parecem insuperáveis... e há tantos! E nesses momentos vem o inimigo, vem o diabo, muitas vezes disfarçado de anjo, e insidiosamente nos diz a sua palavra. Não o escuteis! Sigamos Jesus! Nós acompanhamos, seguimos Jesus, mas, sobretudo, sabemos que Ele nos acompanha e nos carrega aos Seus ombros: aqui está a nossa alegria, a esperança que devemos levar a este nosso mundo. E, por favor, não deixeis que vos roubem a esperança! Não deixeis roubar a esperança... aquela que nos dá Jesus!

Para que entra Jesus em Jerusalém? Ou talvez, melhor: Como entra Jesus em Jerusalém? A multidão O aclama como Rei. E Ele não Se opõe, não a manda calar.[2] Mas que tipo de Rei seria Jesus? Vejamos... Monta um jumentinho, não tem uma corte, nem está rodeado de um exército como símbolo de força. Quem O acolhe são pessoas humildes, simples, que podem ver em Jesus algo mais; têm o sentido da fé que diz: Este é o Salvador. Jesus não entra na Cidade Santa, para receber as honras reservadas aos reis terrenos, a quem tem poder, a quem domina; entra para ser flagelado, insultado e ultrajado, como profetizou Isaías;[3] entra para receber uma coroa de espinhos, uma cana, um manto de púrpura (a sua realeza será objeto de zombaria); entra para subir ao Calvário carregado com uma madeira. E aqui temos a segunda palavra: *cruz*. Jesus entra em Jerusalém para morrer na cruz. E é precisamente aqui que refulge o seu ser Rei segundo Deus: o seu trono real é o madeiro da cruz! Vem à mente aquilo que Bento XVI dizia aos cardeais: Vós sois príncipes, mas de um Rei crucificado. Tal é o trono de Jesus. Jesus toma-o sobre Si... Por que a cruz? Porque Jesus toma sobre Si o mal, a sujeira, o pecado do mundo, incluindo o nosso pecado, o pecado de todos nós, e o lava; lava com o seu sangue, com a misericórdia, com o amor de Deus. Olhemos ao nosso redor... Tantas feridas infligidas pelo mal à humanidade: guerras, violências, conflitos econômicos que atingem os mais fracos, sede de dinheiro, que depois ninguém pode levar consigo, terá de deixar. A minha avó nos dizia quando éramos criança: a mortalha não tem bolsos. Amor ao dinheiro, poder, corrupção, divisões, crimes contra a vida humana e contra a criação! E também — como bem o sabe e conhece cada um de nós — os nossos pecados pessoais: as faltas de amor e respeito para com Deus, com o próximo e com a criação inteira. E na cruz, Jesus sente todo o peso do mal e, com a força do amor de Deus, vence-o, derrota-o na sua ressurreição. Esse é o bem que Jesus realiza por todos nós sobre o trono da cruz. Abraçada com amor, a cruz de Cristo nunca leva à tristeza, mas à alegria, à alegria de sermos salvos e de realizarmos um pouquinho daquilo que Ele fez no dia da sua morte.

EVANGELIZAR

Evangelizar é a missão da Igreja, não só de alguns, mas a minha, a tua, a nossa. O apóstolo Paulo exclamava: "Ai de mim se eu não anunciar o Evangelho!".[1] Cada um deve ser evangelizador, sobretudo com a vida! Paulo VI frisava que "evangelizar... a graça e a vocação própria da Igreja, a sua identidade mais profunda. Ela existe para evangelizar".[2] Quem é o verdadeiro motor da evangelização na nossa vida e na Igreja? Paulo VI escrevia claramente: "Ele, o Espírito Santo, é aquele que ainda hoje como nos inícios da Igreja age em cada um dos evangelizadores que se deixa possuir e conduzir por Ele e põe na sua boca as palavras que sozinho não poderia encontrar, ao mesmo tempo que predispõe a alma daqueles que escutam a fim de a tornar aberta e acolhedora para a Boa-Nova e para o Reino anunciado".[3] Então, para evangelizar, é necessário abrir-se de novo ao horizonte do Espírito de Deus, sem ter medo do que nos pede e do lugar para onde nos guia. Confiemos Nele! Ele nos tornará capazes de viver e de dar testemunho da nossa fé e iluminará o coração de quem encontrarmos. Foi esta a experiência de Pentecostes: aos apóstolos, reunidos com Maria no Cenáculo, "apareceu-lhes então uma espécie de línguas de fogo que se repartiram e pousaram sobre cada um deles. Ficaram todos cheios do Espírito Santo e começaram a falar em línguas, conforme o Espírito Santo lhes concedia que falassem".[4] Pousando sobre os Apóstolos, o Espírito Santo os faz sair da sala onde se encontram fechados com medo, leva-os a sair de si mesmos e transforma-os em anunciadores e testemunhas das "maravilhas de Deus".[5] E essa transformação realizada pelo Espírito Santo se reflete na multidão que acorreu ao lugar, proveniente de "todas as nações que há debaixo do céu",[6] para que cada um ouça as palavras dos apóstolos como se fossem pronunciadas na própria língua.[7]

Aqui há um primeiro efeito importante da obra do Espírito Santo que guia e anima o anúncio do Evangelho: a unidade, a comunhão. Em Babel, segundo a narração bíblica, tiveram início a dispersão dos povos e a confusão das línguas, fruto do gesto de soberba e de orgulho do homem que queria construir, somente com as suas forças e sem Deus, "uma cidade e uma torre cujo cimo atinja os céus".[8] No Pentecostes, essas divisões são superadas. Já não há orgulho em relação a Deus, nem fechamento de uns aos outros, mas abertura a Deus, saída para anunciar a Sua Palavra: uma língua nova, do amor, que o Espírito Santo derrama nos corações;[9] uma língua que todos podem compreender e que, acolhida, pode ser expressa em cada existência e cultura. A língua do Espírito, do Evangelho, é a língua da comunhão, que convida a superar fechamentos e indiferenças, divisões e oposições. Cada um deve perguntar: como me deixo guiar pelo Espírito Santo, de modo que a minha vida e o meu testemunho de fé seja de unidade e comunhão? Levo a palavra de reconciliação e amor, que é o Evangelho, aos ambientes onde vivo? Às vezes parece se repetir hoje o que aconteceu em Babel: divisões, incapacidade de compreensão, rivalidades, inveja e egoísmo. Que faço na minha vida? Crio unidade ao meu redor? Ou divido com mexericos, críticas e inveja. O que faço? Pensemos nisso. Levar o Evangelho é anunciar e viver em primeiro lugar a reconciliação, o perdão, a paz, a unidade e o amor que o Espírito Santo nos dá. Recordemos as palavras de Jesus: "Disto todos conhecerão que sois meus discípulos, se vos amardes uns aos outros".[10]

Um segundo elemento: no dia de Pentecostes, Pedro, cheio de Espírito Santo, se põe de pé "com os Onze" e "em voz alta"[11] e "com franqueza"[12] anuncia a boa notícia de Jesus, que deu a sua vida pela nossa salvação e que Deus ressuscitou dos mortos. Eis outro efeito da obra do Espírito Santo: a coragem de anunciar a novidade do Evangelho de Jesus a todos com franqueza (parrésia), em voz alta, em todos os tempos e lugares. E isso se verifica também hoje para a Igreja e para cada um de nós: do fogo de Pentecostes, da obra do Espírito Santo, libertam-se sempre novas energias de missão, outros caminhos para anunciar a mensagem de salvação e nova coragem para evangelizar. Nunca nos fechemos a essa ação! Vivamos com humildade e coragem o Evangelho! Testemunhemos a novidade, a esperança e a alegria que o Senhor traz à vida. Sintamos em nós "a suave e reconfortante alegria de evangelizar".[13] Porque evangelizar, anunciar Jesus, nos dá alegria; ao contrário, o egoísmo nos dá amargura, tristeza, desânimo; evangelizar nos anima.

Menciono só um terceiro elemento, mas que é particularmente importante: uma nova evangelização, uma Igreja que evangeliza, deve começar sempre a partir da oração, pedindo, como os apóstolos no Cenáculo, o fogo do Espírito Santo. Só a relação fiel e intensa com Deus permite sair dos próprios fechamentos e anunciar o Evangelho com parrésia. Sem a oração, o nosso agir se torna vazio e o nosso anunciar não tem alma e não é animado pelo Espírito.

6

Pastores com o cheiro das ovelhas

O QUE SIGNIFICA SER PASTOR

"Apascentai o rebanho de Deus, que vos é confiado. Ocupai-vos dele, não constrangidos, mas espontaneamente; não por amor de interesses sórdidos, mas com dedicação, não como dominadores absolutos sobre as comunidades que vos são confiadas, mas como modelos do vosso rebanho."[1] Que essas palavras de são Pedro permaneçam gravadas no coração! Somos chamados e constituídos pastores, não pastores por nós mesmos, mas pelo Senhor, e não para servirmos a nós mesmos, mas o rebanho que nos foi confiado, servindo-o até dar a nossa vida como Cristo, Bom Pastor.[2]

O que significa apascentar, ter "o cuidado cotidiano e habitual das próprias ovelhas"?[3] Três pensamentos breves. Apascentar significa: acolher com magnanimidade, caminhar com o rebanho, permanecer com o rebanho. Acolher, caminhar, permanecer.

1. *Acolher com magnanimidade.* Que o vosso coração seja tão grande a ponto de saber acolher todos os homens e mulheres que encontrardes ao longo dos vossos dias e que fordes procurar, pondo-vos a caminho nas vossas paróquias e em cada comunidade. Perguntai-vos

desde já: aqueles que vierem bater à porta da minha casa, como a encontrarão? Se a encontrarem aberta, através da vossa bondade e disponibilidade, experimentarão a paternidade de Deus e compreenderão que a Igreja é uma boa mãe que acolhe e ama sempre.

2. *Caminhar com o rebanho*. Acolher com magnanimidade, caminhar. Acolher todos para caminhar com todos. O bispo está a caminho *com* e *no* seu rebanho. Isso significa pôr-se a caminho com os próprios fiéis e com todos aqueles que vos procurarem, compartilhando as suas alegrias e esperanças, dificuldades e sofrimentos, como irmãos e amigos, mas ainda mais como pais, capazes de ouvir, compreender, ajudar e orientar. Caminhar juntos exige amor, e o nosso serviço é de amor, *amoris officium*, dizia santo Agostinho.[4]

a) E no gesto de caminhar, gostaria de evocar o *carinho pelos vossos sacerdotes*. Os vossos presbíteros são o primeiro próximo; os sacerdotes são o primeiro próximo do bispo — amai o próximo, mas ele é o primeiro próximo —, colaboradores indispensáveis dos quais buscar conselhos e ajuda, dos quais cuidar como pais, irmãos e amigos. Entre as primeiras tarefas que vos competem está a atenção espiritual ao presbitério, mas não vos esqueçais das necessidades de cada sacerdote, sobretudo nos momentos mais delicados e importantes do seu ministério e da sua vida. O tempo passado com os sacerdotes nunca é perdido! Recebei-os, quando o pedirem; não deixeis um telefonema sem resposta. Ouvi isto — não sei se é verdade, mas ouvi-o muitas vezes na minha vida — de sacerdotes, quando eu pregava exercícios para presbíteros: "Ora, telefonei ao bispo, mas o secretário disse que ele não tem tempo para me receber". E assim durante muitos meses. Não sei se é verdade. Mas se um sacerdote telefona ao bispo, no mesmo dia, ou ao máximo no dia seguinte, deve telefonar-lhe: "O que queres? Agora não posso te receber, mas marcaremos uma data". Que ele sinta que o padre responde, por favor! Caso contrário, o sacerdote pode pensar: "Mas ele não se importa; ele não é um padre, mas o chefe de um escritório!". Pensai bem nisso. Seria um bom propósito: diante do telefonema de um presbítero, se não posso responder no mesmo dia, farei ao máximo no dia seguinte. E depois ver quando é possível encontrá-lo. Estai em proximidade contínua, em contato permanente com eles.

b) Depois, *a presença na diocese*. Na homilia da Missa Crismal deste ano, eu disse que os pastores devem ter "o cheiro das ovelhas". Sede pastores com o cheiro das ovelhas, presentes no meio do vosso povo como Jesus, Bom Pastor. A vossa presença não é secundária, mas indispensável. A presença! Quem a pede é o próprio povo, que quer ver o seu bispo caminhar com ele, estar próximo. Ele precisa disso para viver e para respirar! Não vos fecheis! Ide ao encontro dos vossos fiéis, também nas periferias das vossas dioceses e em todas aquelas "periferias existenciais" onde existe sofrimento, solidão e degradação humana. Presença pastoral significa caminhar com o Povo de Deus: caminhar à frente, indicando o rumo, apontando a vereda; caminhar no meio, para fortalecê-lo na unidade; caminhar atrás, tanto para que ninguém permaneça atrás quanto para seguir a intuição que o Povo de Deus tem para encontrar novos caminhos. O bispo que vive no meio dos seus fiéis mantém os ouvidos abertos para escutar "o que o Espírito diz às Igrejas"[5] e a "voz das ovelhas", também através daqueles organismos diocesanos que têm a tarefa de aconselhar o bispo, promovendo um diálogo leal e construtivo. Não se pode pensar num bispo que não disponha destes órgãos diocesanos: consultório presbiteral, consultores, consultório pastoral e tesouraria. Isso significa permanecer precisamente com o povo. Essa presença pastoral vos permitirá conhecer a fundo também a cultura, os hábitos, os costumes do território e a riqueza de santidade Nele presente. Imergi-vos no vosso rebanho!

c) E aqui, gostaria de acrescentar: *o estilo de serviço* ao rebanho seja o da humildade, diria até da austeridade e da essencialidade. Por favor, nós pastores não sejamos homens com a "psicologia de príncipios" — por favor! —, homens ambiciosos, esposos desta Igreja à espera de outra mais bonita ou mais rica. Mas isso é um escândalo! Se chega um penitente dizendo: "Eu sou casado, vivo com a minha esposa, mas olho continuamente para aquela mulher que é mais bonita que a minha: Padre, isso é pecado?". O Evangelho diz: é pecado de adultério. Existe um "adultério espiritual"? Não sei, pensai vós! Não permaneçais à espera de outra mais bonita, mais importante, mais rica. Estai muito atentos para não cair no espírito do carreirismo! Trata-se de um câncer! Não é apenas com a palavra, mas também e, sobretudo, com o testemunho concreto de vida que somos mestres e educadores do nosso povo. O anúncio da fé pede que conformemos a vida com aquilo que ensinamos. Missão e vida são inseparáveis.[6] É uma pergunta que devemos fazer a cada dia: o que vivo corresponde àquilo que ensino?

3. Acolher, caminhar. Eis o terceiro e último elemento: *permanecer com o rebanho*. Refiro-me à *estabilidade*, que tem dois aspectos específicos: "permanecer" na diocese, "nesta" diocese, como eu disse, sem procurar mudanças ou promoções. Não podemos conhecer verdadeiramente o nosso rebanho como pastores, caminhar à frente, no meio e atrás dele, cuidar dele com o ensinamento, a administração dos Sacramentos e o testemunho de vida se não permanecermos na diocese. Nisto, Trento é muito atual: residência! No nosso tempo podemos viajar, deslocar-nos de um lado para o outro com facilidade, uma época em que as relações são rápidas, a era da internet. Mas a antiga lei da residência não passou de moda! É necessária para o bom governo pastoral.[7] Sem dúvida, existe o chamado das demais Igrejas e da Igreja universal, que pode exigir a ausência do meio da diocese, mas que ela seja pelo tempo estritamente necessário e não de modo habitual. Vede, a residência não é exigida só para uma boa organização, não é um elemento funcional; ela tem uma raiz teológica! Sede esposos da vossa comunidade, profundamente vinculados a ela! Peço-vos, por favor, que permaneçais no meio do vosso povo. Permanecei, permanecei... Evitai o escândalo de serem "bispos de aeroporto"! Sede pastores acolhedores, a caminho com o vosso povo, com carinho, misericórdia, docilidade no tratamento e firmeza paterna, com humildade e discrição, capazes de ter em consideração também os vossos limites, com uma dose de bom humor. Essa é uma graça que

nós, bispos, devemos pedir: Senhor, conceda-me o sentido do humor. Primeiro, encontremos o modo de rir de nós mesmos, e um pouco das coisas. E permanecei com o vosso rebanho!

SACERDOTES PARA SERVIR

Como bem sabeis, o Senhor Jesus é o único Sumo Sacerdote do Novo Testamento, mas, Nele, todo o povo santo de Deus foi constituído também povo sacerdotal. Entretanto, o Senhor Jesus, de entre todos os seus discípulos, quer escolher alguns em particular para que, exercendo publicamente na Igreja, em seu nome, o ofício sacerdotal a favor de todos os homens, continuem a sua missão pessoal de mestre, sacerdote e pastor.

Para isso, de fato, fora Jesus enviado pelo Pai, tendo Ele por sua vez enviado igualmente ao mundo primeiro os apóstolos e depois os bispos e seus sucessores, aos quais por fim foram dados como colaboradores os presbíteros, que, unidos a eles no ministério sacerdotal, são chamados a servir o Povo de Deus.

Depois de madura reflexão e oração, estamos para elevar à Ordem dos presbíteros esses nossos irmãos, para que, ao serviço de Cristo, mestre, sacerdote e pastor, cooperem na edificação do Corpo de Cristo, que é a Igreja, como Povo de Deus e Templo sagrado do Espírito Santo.

Na verdade, vão ser configurados com Cristo Sumo e Eterno Sacerdote, isto é, consagrados como verdadeiros sacerdotes do Novo Testamento e, por esse título que os associa ao seu bispo no sacerdócio, serão anunciadores do Evangelho, pastores do Povo de Deus e presidirão aos atos de culto, especialmente à celebração do Sacrifício do Senhor.

E vós, irmãos e filhos queridos, prestes a ser promovidos à Ordem dos presbíteros, considerai que, ao exercerdes o ministério de ensinar a Doutrina sagrada, participais da missão do único Mestre,

Cristo. Distribuí a todos a Palavra de Deus que vós mesmos recebestes com alegria. Lembrai das vossas mães, das vossas avós, dos vossos catequistas que vos deram a Palavra de Deus, a fé... o dom da fé! Transmitiram-vos esse dom da fé. Lede e meditai assiduamente a Palavra do Senhor, para poderdes crer o que ledes, ensinar o que credes e viver o que ensinais. Lembrai-vos também de que a Palavra de Deus não é de vossa propriedade: é Palavra de Deus. E a Igreja é a guardiã da Palavra de Deus.

Sirva, portanto, de alimento para o povo de Deus o vosso ensino, seja motivo de alegria e apoio para os fiéis de Cristo o bom odor da vossa vida, a fim de edificardes, pela palavra e pelo exemplo, a casa de Deus, que é a Igreja. Ides continuar a obra santificadora de Cristo; pelo vosso ministério, realiza-se plenamente o sacrifício espiritual dos fiéis, unido ao sacrifício de Cristo, que, através de vossas mãos, em nome de toda a Igreja, é oferecido de forma incruenta sobre o altar na celebração dos Santos Mistérios.

Tomai, pois, consciência do que fazeis, imitai o que celebrais, para que, participando no mistério da morte e da ressurreição do Senhor, vos esforceis por fazer morrer em vós todo o mal e por caminhar com Ele na vida nova.

Pelo batismo, fareis entrar novos fiéis no Povo de Deus. Através do sacramento da Penitência, perdoareis os pecados em nome de Cristo e da Igreja. E hoje, em nome de Cristo e da Igreja, eu vos peço: por favor, não vos canseis de ser misericordiosos. Com os santos óleos, dareis alívio aos enfermos e também aos idosos: não vos envergonheis de tratar com ternura os idosos. Ao celebrar os ritos sagrados e elevar ao Céu, nas diversas horas do dia, a oração de louvor e de súplica, tornareis voz do Povo de Deus e da humanidade inteira.

Conscientes de terem sido assumidos de entre os homens e postos ao seu serviço nas coisas de Deus, cumpri, com alegria e caridade sincera, a obra sacerdotal de Cristo, procurando unicamente agradar a Deus e não a vós mesmos. Sede pastores, e não funcionários; sede mediadores, e não intermediários.

Finalmente, ao participar na missão de Cristo, Cabeça e Pastor, em comunhão filial com o vosso bispo, procurai congregar os fiéis numa só família, para os conduzir a Deus Pai, por Cristo, no Espírito Santo. Trazei sempre diante dos olhos o exemplo do Bom Pastor, que veio, não para ser servido, mas para servir, para buscar e salvar o que estava perdido.

LEVAR A UNÇÃO AO POVO

As Leituras e o Salmo falam-nos dos "Ungidos": o Servo de Javé referido por Isaías, o rei Davi e Jesus nosso Senhor. Nos três, aparece um dado comum: a unção recebida destina-se ao povo fiel de Deus, de quem são servidores; a sua unção "é para" os pobres, os presos, os oprimidos... Encontramos uma imagem muito bela de que o santo crisma "é para" no Salmo 133: "É como óleo perfumado derramado sobre a cabeça, a escorrer pela barba, a barba de Aarão, a escorrer até à orla das suas vestes".[1] Esse óleo derramado, que escorre pela barba de Aarão até a orla das suas vestes, é imagem da unção sacerdotal, que, por intermédio do Ungido, chega até os confins do universo representado nas vestes.

As vestes sagradas do Sumo Sacerdote são ricas de simbolismos; um deles é o dos nomes dos filhos de Israel gravados nas pedras de ônix que adornavam as ombreiras do *efod*, do qual provém a nossa casula atual: seis sobre a pedra do ombro direito e seis na do ombro esquerdo.[2] Também no peitoral estavam gravados os nomes das doze tribos de Israel.[3] Isso significa que o sacerdote celebra levando sobre os ombros o povo que lhe está confiado e tendo os seus nomes gravados no coração. Quando envergamos a nossa casula humilde pode fazer-nos sentir bem sobre os ombros e no coração o peso e o rosto do nosso povo fiel, dos nossos santos e dos nossos mártires, que são tantos neste tempo.

Depois da beleza de tudo o que é litúrgico — que não se reduz ao adorno e bom gosto dos paramentos, mas é presença da glória do nosso Deus que resplandece no seu povo vivo e consolado —, fixemos agora o olhar na ação. O óleo precioso, que unge a cabeça de Aarão, não se limita a perfumá-lo, mas espalha-se e atinge "as periferias". O Senhor dirá claramente que a sua unção é para os pobres, os presos, os doentes e quantos estão tristes e abandonados. A unção, amados irmãos, não é para nos perfumar a nós mesmos, e menos ainda para que a conservemos num frasco, pois o óleo se tornaria rançoso... e o coração, amargo.

O bom sacerdote reconhece-se pelo modo como é ungido o seu povo; temos aqui uma prova clara. Nota-se quando o nosso povo é ungido com óleo da alegria; por exemplo, quando sai da Missa com o rosto de quem recebeu uma boa notícia. O nosso povo gosta do Evangelho quando é pregado com unção, quando o Evangelho que pregamos chega ao seu dia a dia, quando escorre como o óleo de Aarão até as bordas da realidade, quando ilumina as situações extremas, "as periferias" onde o povo fiel está mais exposto à invasão daqueles que querem saquear a sua fé. As pessoas nos agradecem porque sentem que rezamos a partir das realidades da sua vida de todos os dias, as suas penas e alegrias, as suas angústias e esperanças. E, quando sentem que, através de nós, lhes chega o perfume do Ungido, de Cristo, animam-se a confiar-nos tudo o que elas querem que chegue ao Senhor: "Reze por mim, padre, porque tenho este problema", "abençoe-me, padre", "reze por mim"... Essas confidências são o sinal de que a unção chegou à orla do manto, porque é transformada em súplica — súplica do Povo de Deus. Quando estamos nessa relação com Deus e com o seu Povo e a graça passa através de nós, então somos sacerdotes, mediadores entre Deus e os homens. O que pretendo sublinhar é que devemos reavivar sempre a graça, para intuirmos, em cada pedido — por vezes inoportuno, puramente material ou mesmo banal (mas só aparentemente!) —, o desejo que tem o nosso povo de ser ungido com o óleo perfumado, porque sabe que nós o possuímos. Intuir e sentir, como o Senhor sentiu a angústia permeada de esperança da hemorroíssa quando ela Lhe tocou a orla do manto. Esse instante de Jesus, no meio das pessoas que O rodeavam por todos os lados, encarna toda a beleza de Aarão com o vestido sacerdotal e com o óleo que escorre pelas suas vestes. É uma beleza escondida, que brilha apenas para aqueles olhos cheios de fé da mulher atormentada com as perdas de sangue. Os próprios discípulos — futuros sacerdotes — não conseguem ver, não compreendem: na "periferia existencial", veem apenas a superficialidade de uma multidão que aperta Jesus de todos os lados quase O sufocando.[4] Ao contrário, o Senhor sente a força da unção divina que chega às bordas do seu manto.

É preciso chegar a experimentar assim a nossa unção, com o seu poder e a sua eficácia redentora: nas "periferias" onde não falta sofrimento, há sangue derramado, há cegueira que quer ver, há prisioneiros de tantos patrões maus. Não é, concretamente, nas experiências próprias ou nas reiteradas introspecções que encontramos o Senhor: os cursos de autoajuda na vida podem ser úteis, mas viver a nossa vida sacerdotal passando de um curso ao outro, de método em método leva a tornar-se pelagianos, faz-nos minimizar o poder da graça, que se ativa e cresce na medida em que, com fé, saímos para dar a nós mesmos, oferecendo o Evangelho aos outros, para dar a pouca unção que temos àqueles que não têm nada de nada.

O sacerdote, que sai pouco de si mesmo, que unge pouco — não digo "nada" porque, graças a Deus, o povo nos rouba a unção —, perde o melhor do nosso povo, aquilo que é capaz de ativar a parte mais profunda do seu coração presbiteral. Quem não sai de si mesmo, em vez de ser mediador, se torna pouco a pouco um intermediário, um gestor. A diferença é bem conhecida de todos: o intermediário e o gestor "já receberam a sua recompensa". É que, não colocando em jogo a pele e o próprio coração, não recebem aquele agradecimento carinhoso que nasce do coração. Daqui deriva precisamente a insatisfação de alguns, que acabam por viver tristes, padres tristes, e transformados numa espécie de colecionadores de antiguidades ou então de novidades, em vez de serem pastores com o "cheiro das ovelhas"

— isso vos peço: sede pastores com o "cheiro das ovelhas", que isso se sinta —, serem pastores no meio do seu rebanho, e pescadores de homens. É verdade que a chamada crise de identidade sacerdotal nos ameaça a todos e vem se juntar a uma crise de civilização; mas, se soubermos quebrar essa onda, poderemos zarpar em nome do Senhor e lançar as redes. É um bem que a própria realidade nos faça ir para onde aquilo que somos por graça, apareça claramente como pura graça. Ou seja, para o mar que é o mundo atual, onde vale só a unção — não a função —, e em que se revelam fecundas unicamente as redes lançadas no nome d'Aquele em quem pusemos a nossa confiança: Jesus.

7

A escolha dos últimos

A PERIFERIA DA EXISTÊNCIA

A Igreja deve sair de si mesma. Para onde? Para as periferias existenciais, sejam eles quais forem, mas sair. Jesus diz-nos: "Ide pelo mundo inteiro! Ide! Pregai! Dai testemunho do Evangelho!".[1] Entretanto que acontece quando alguém sai de si mesmo? Pode suceder aquilo a que estão sujeitos os que saem de casa e vão pela estrada: um acidente. Mas eu digo: Prefiro mil vezes uma Igreja acidentada, que sofreu um acidente, do que uma Igreja doente por estar fechada! Ide para fora, saí! Pensai também nisto que diz o Apocalipse. É uma coisa linda: Jesus está à porta e chama, chama para entrar no nosso coração.[2] Esse é o sentido do Apocalipse. Mas façamos nós mesmos essa pergunta: Quantas vezes Jesus está dentro e bate à porta para sair, ir para fora, mas não O deixamos sair, por causa das nossas seguranças, por estarmos muitas vezes fechados em estruturas decadentes, que servem apenas para nos tornar escravos, e não filhos de Deus que são livres? Nessa "saída", é importante ir ao encontro de...; esta palavra, para mim, é muito importante: o encontro com os outros. Por quê? Porque a fé é um encontro com Jesus, e nós devemos fazer o mesmo que Jesus: encontrar os outros. Vivemos numa cultura do desencontro, uma cultura da fragmentação, uma cultura na qual o que não me serve jogo fora, a cultura do descartável. A propósito, os convido a pensar — e é parte da crise — nos idosos, que são a sabedoria de um povo, nas crianças... a cultura do descartável. Nós, pelo contrário, devemos ir ao encontro e devemos criar, com a nossa fé, uma "cultura do encontro", uma cultura da amizade, uma cultura onde encontramos irmãos, onde podemos conversar mesmo com aqueles que pensam diversamente de nós, mesmo com quantos possuem outra crença, que não têm a mesma fé. Todos têm algo em comum conosco: são imagens de Deus, são filhos de Deus. Ir ao encontro de todos, sem negociar a nossa filiação eclesial.

Outro ponto importante são os pobres. Se sairmos de nós mesmos, encontramos a pobreza. Hoje... — dizê-lo faz doer o coração — hoje encontrar um sem-teto morto de frio não é notícia. Hoje, o que dá notícia é, talvez, um escândalo. Um escândalo: ah, isso é notícia! Hoje pensar que muitas crianças não terão o que comer não é notícia. Isso é grave; sim, grave! Não podemos ficar tranquilos! Bem! As coisas estão assim. Não podemos nos tornar cristãos engomados, aqueles cristãos muito educados que falam de coisas teológicas enquanto tomam o chá, tranquilos. Isso, não! Devemos nos tornar cristãos corajosos e ir à procura justamente daqueles que são a carne de Cristo, aqueles que são a carne de Cristo! Quando vou confessar — não aqui; aqui ainda não posso, porque sair para confessar... daqui não se pode sair, mas isso é outro problema — quando, na diocese anterior, ia confessar, vinham as pessoas e eu sempre fazia esta pergunta: "Dá esmolas?", "Sim, padre!", "Muito bem!". Mas fazia mais duas: "Diga, quando dá esmola, olha nos olhos daquele ou daquela a quem dá a esmola?". "Bem, não sei, não me dou conta." Segunda pergunta: "E quando dá esmola, toca a mão da pessoa a quem dá a esmola ou joga a moeda?". Este é o problema: a carne de Cristo, tocar a carne de Cristo, assumir esse sofrimento pelos pobres. A pobreza, para nós cristãos, não é uma categoria sociológica, filosófica ou cultural. Não! É uma categoria teologal. Diria que essa é talvez a primeira categoria, porque aquele Deus, o Filho de Deus, humilhou-se, fez-se pobre para caminhar conosco ao longo da estrada. E essa é a nossa pobreza: a pobreza da carne de Cristo, a pobreza que nos trouxe o Filho de Deus com a sua Encarnação. A Igreja pobre para os pobres começa por se dirigir à carne de Cristo. Se nos fixarmos na carne de Cristo, começamos a compreender qualquer coisa, a compreender o que é essa pobreza, a pobreza do Senhor.

ACOLHER E SERVIR

Quando dizemos "casa", nos referimos a um lugar de acolhimento, a uma morada, a um ambiente humano onde se pode estar bem, se encontrar, se sentir inserido num território, numa comunidade. Ainda mais profundamente, "casa" é uma palavra com um sabor tipicamente familiar, que evoca o entusiasmo, o carinho e o amor que se pode experimentar no seio de uma família. Então, a "casa" representa a riqueza humana mais preciosa, a do encontro, a dos relacionamentos entre as pessoas, diferentes por idade, por cultura e por história, mas que vivem unidas e que, juntas, se ajudam a crescer. Precisamente por isso, a "casa" é um lugar decisivo na vida, onde a vida se desenvolve e pode se realizar, porque se trata de um lugar onde cada pessoa aprende a receber amor e a doar amor. Essa é a "casa". E isso também é o que esta casa, a Casa Dono di Maria, procura ser, há vinte e cinco anos! No limite entre Vaticano e Itália, ela constitui uma vigorosa exortação a todos nós, à Igreja e à Cidade de Roma, a ser cada vez mais família, "casa" onde devemos permanecer abertos ao acolhimento, à atenção e à fraternidade.

Depois, há uma segunda palavra muito importante: o termo "dom", que qualifica essa casa e define a sua identidade típica. Com efeito, trata-se de uma casa que se caracteriza pela dádiva, pelo dom recíproco. Que quero dizer com isso? Quero dizer que essa casa oferece acolhimento, ajuda material e espiritual, a vocês, estimados hóspedes, provenientes de várias regiões do mundo; mas também vocês constituem uma dádiva para essa casa e para a Igreja. Vocês dizem que amar Deus e o próximo não é algo abstrato, mas profundamente concreto: significa ver em cada pessoa o rosto do Senhor para servir, e para servi-Lo concretamente. E vocês, caros irmãos e irmãs, são a face de Jesus. Obrigado! Vocês "oferecem" aos que trabalham nesse lugar a possibilidade de servir Jesus. Aqui, eles podem servir àqueles que se encontram em dificuldade, que precisam de ajuda. Então, essa casa constitui uma transparência luminosa da caridade de Deus, que é um Pai bom e misericordioso para com todos. Aqui se vive uma hospitalidade aberta, sem distinção de nacionalidade ou de religião, segundo o ensinamento de Jesus: "Recebestes de graça, dai também de graça".[1] Todos nós temos o dever de recuperar o sentido do dom, da gratuidade e da solidariedade. Um capitalismo selvagem tem ensinado a lógica do lucro a qualquer custo, do dar para obter, da exploração sem considerar as pessoas... e podemos ver os resultados na crise que estamos vivendo! Essa casa é um lugar que educa para a caridade, uma "escola" de caridade que ensina a ir ao encontro de cada pessoa, não para obter lucro, mas por amor.

OS REFUGIADOS

A Igreja é mãe e a sua atenção materna se manifesta com ternura e proximidade especiais em relação aos que são obrigados a fugir do próprio país e vivem entre a erradicação e a integração. Essa tensão destrói as pessoas. A compaixão cristã — esse "padecer com", "com--paixão" — se manifesta antes de tudo no compromisso de conhecer os acontecimentos que impelem a deixar forçosamente a própria Pátria e, quando for necessário, em dar voz aos que não conseguem fazer ouvir o grito da dor e da opressão. Nisso vocês desempenham uma tarefa importante também sensibilizando as comunidades cristãs em relação a tantos irmãos marcados por feridas que atingem a sua existência: violências, abusos, distância de seus familiares, acontecimentos traumáticos, fuga de casa e incerteza sobre o futuro nos campos de refugiados. Todos esses elementos são desumanizadores e devem levar cada cristão e a comunidade inteira a prestar uma atenção concreta.

Mas hoje, caros amigos, eu gostaria de convidar todos a olhar nos olhos e no coração dos refugiados e das pessoas erradicadas à força, também a luz da esperança. Esperança que se manifesta nas expectativas em relação ao futuro, na vontade de manter relacionamentos de amizade e no desejo de se inserir na sociedade que os recebe, também mediante a aprendizagem da língua, do acesso ao trabalho e da educação para as crianças. Admiro a coragem daqueles que esperam poder, gradualmente, retomar a vida normal, na expectativa de que a alegria e o amor voltem a alegrar a sua existência. Todos nós podemos e devemos alimentar essa esperança!

Convido, sobretudo, os governantes e os legisladores, assim como toda a Comunidade internacional, a considerar a realidade das pessoas erradicadas à força, mediante iniciativas eficazes e abordagens renovadas para proteger a sua dignidade, melhorar a sua qualidade de vida e enfrentar os desafios que derivam de formas modernas de perseguição, de opressão e de escravidão. Quero frisar que se trata de pessoas humanas que fazem apelo à solidariedade e à assistência, que têm necessidade de intervenções urgentes, mas também e, sobretudo, de compreensão e bondade. Deus é bom; imitemos a Ele. A condição delas não nos pode deixar indiferentes. Quanto a nós, como Igreja, recordemos que curando as feridas dos refugiados, dos deslocados e das vítimas do tráfico, pomos em prática o mandamento da caridade que Jesus nos deixou, quando se identificou com o estrangeiro, com os que sofrem, com todas as vítimas inocentes da violência e da exploração. Deveríamos reler mais frequentemente o capítulo 25 do Evangelho segundo Mateus, onde fala sobre o Juízo final.[1] E, aqui, eu gostaria de evocar também a atenção de cada pastor e comunidade cristã, que devem auxiliar o caminho de fé dos cristãos refugiados e erradicados à força das respectivas realidades, assim como dos cristãos emigrantes. Eles exigem um cuidado pastoral especial, que respeite as suas tradições e que os acompanhe numa integração harmoniosa nas realidades eclesiais em que se encontram. Que as nossas comunidades cristãs sejam verdadeiros lugares de acolhimento, de escuta e de comunhão!

A AMPLITUDE DA SOLIDARIEDADE

Servir. Que significa? Servir significa acolher a pessoa que chega, com atenção; significa ser humilde diante de quem é necessitado e estender-lhe a mão, sem cálculos, sem receio, com ternura e compreensão, como Jesus foi humilde e lavou os pés dos apóstolos. Servir significa trabalhar ao lado dos mais necessitados, estabelecer com eles antes de tudo relações humanas, de proximidade, vínculos de solidariedade. Solidariedade, essa palavra que assusta o mundo desenvolvido. Procuram não dizê-la. Solidariedade para eles é quase um palavrão. Mas é a nossa palavra! Servir significa reconhecer e acolher os pedidos de justiça, de esperança, e procurar juntos caminhos, percursos concretos de libertação.

Os pobres são também mestres privilegiados do nosso conhecimento de Deus; a sua fragilidade e simplicidade desmascaram os nossos egoísmos, as nossas falsas seguranças, as nossas pretensões de autossuficiência e nos guiam rumo à experiência da proximidade e da ternura de Deus, para receber na nossa vida o seu amor, a sua misericórdia de Pai que, com discrição e confiança paciente, cuida de nós, de todos nós.

Do Centro Astalli, esse lugar de acolhimento, de encontro e de serviço, gostaria então de dirigir uma pergunta para todos, para todas as pessoas que vivem aqui, nesta diocese de Roma: sou humilde diante de quem está em dificuldade ou tenho medo de sujar as mãos?

Estou fechado em mim mesmo, nas minhas coisas, ou percebo quem precisa de ajuda? Sirvo só a mim mesmo ou sei servir os outros, como Cristo que veio para servir até doar a sua vida? Olho nos olhos dos que pedem justiça ou desvio o olhar para o outro lado, para não encarar as pessoas?

Segunda palavra: *acompanhar*. Ao longo dos anos, o Centro Astalli fez um percurso. No início oferecia serviço de primeiro acolhimento: um refeitório, onde dormir, uma ajuda legal. Depois, aprendeu a acompanhar as pessoas na busca do trabalho e na inserção social. E em seguida, propôs também atividades culturais, a fim de contribuir para fazer crescer uma cultura do acolhimento, uma cultura do encontro e da solidariedade, a partir da proteção dos direitos humanos. Só o acolhimento não é suficiente. Não é suficiente dar um sanduíche se não estiver acompanhado da possibilidade de aprender a caminhar com os próprios pés. A caridade que deixa o pobre na mesma condição em que estava não é suficiente. A verdadeira misericórdia, que Deus nos concede e ensina, exige a justiça, pede que o pobre encontre o caminho para deixar de o ser. Pede — e pede-o a nós, Igreja, a nós, cidade de Roma, às instituições — pede que ninguém volte a precisar de um refeitório, de um abrigo ocasional, de um serviço de assistência legal para ver reconhecido o próprio direito a viver e a trabalhar, a ser plenamente pessoa. Adam* disse: "Nós, refugiados, temos o dever de fazer o melhor que podemos para sermos integrados na Itália". E isto é um direito: a integração! E Carol** disse: "Os sírios na Europa sentem a grande responsabilidade de não serem um peso, queremos sentir-nos parte ativa de uma nova sociedade". Também esse é um direito! Eis que essa responsabilidade é a base ética, é a força para construir juntos. Pergunto-me: nós acompanhamos esse caminho?

Terceira palavra: *defender*. Servir, acompanhar significa também

---

* Refugiado sudanês de Darfur.
** Refugiada síria.

defender, significa se pôr ao lado de quem é mais frágil. Quantas vezes elevamos a voz para defender os nossos direitos, mas quantas vezes ficamos indiferentes em relação aos direitos dos outros! Quantas vezes não sabemos ou não queremos dar voz à voz de quem — como vocês — sofreu e sofre, de quem viu espezinhar os próprios direitos, de quem viveu tanta violência que sufocou até o desejo de obter justiça!

Para toda a Igreja é importante que o acolhimento do pobre e a promoção da justiça não sejam confiados apenas a "peritos", mas sejam uma atenção de toda a pastoral, da formação dos futuros sacerdotes e religiosos, do compromisso ordinário de todas as paróquias, dos movimentos e das agregações eclesiais. Em particular — isto é importante e digo de coração — gostaria de convidar também os Institutos religiosos a ler seriamente e com responsabilidade esse sinal dos tempos. O Senhor chama para viver com mais coragem e generosidade o acolhimento nas comunidades, nas casas, nos conventos vazios. Caríssimos religiosos e religiosas, os conventos vazios não servem à Igreja para serem transformados em hotéis e ganhar dinheiro. Os conventos vazios não são vossos, são para a carne de Cristo que são os refugiados. O Senhor chama para vivermos com mais coragem e generosidade nas comunidades, nas casas, nos conventos vazios. Certamente não é uma coisa simples, são necessários critério, responsabilidade e também coragem. Fazemos tanto, talvez sejamos chamados a fazer mais, acolhendo e partilhando a decisão do que a Providência nos doou para servir.

8

Demolir os ídolos

A LÓGICA DO PODER E DA VIOLÊNCIA

O mundo que queremos não é um mundo de harmonia e de paz, em nós mesmos, nas relações com os outros, nas famílias, nas cidades, *nas* e *entre as* nações? E a verdadeira liberdade para escolher entre os caminhos a serem percorridos neste mundo não é precisamente aquela que está orientada pelo bem de todos e guiada pelo amor?

Mas perguntemos agora: é esse o mundo em que vivemos? A criação conserva a sua beleza que nos enche de admiração; ela continua a ser uma obra boa. Mas há também "violência, divisão, confronto, guerra". Isso acontece quando o homem, vértice da criação, perde de vista o horizonte da bondade e da beleza, e se fecha no seu próprio egoísmo.

Quando o homem pensa só em si mesmo, nos seus próprios interesses e se coloca no centro, quando se deixa fascinar pelos ídolos do domínio e do poder, quando se coloca no lugar de Deus, então deteriora todas as relações, arruína tudo; e abre a porta à violência, à indiferença, ao conflito. É justamente isso o que explica o trecho do Gênesis em que se narra o pecado do ser humano: o homem entra em conflito consigo mesmo, percebe que está nu e se esconde porque sente medo;[1] sente medo do olhar de Deus; acusa a mulher, aquela que é carne da sua carne;[2] quebra a harmonia com a criação, chega a levantar a mão contra o seu irmão para matá-lo. Podemos dizer que da harmonia se passa à desarmonia? Mas, podemos dizer isto: que da harmonia se passa à desarmonia? Não. Não existe a "desarmonia": ou existe harmonia ou se cai no caos, onde há violência, desavença, confronto, medo...

É justamente nesse caos que Deus pergunta à consciência do homem: "Onde está o teu irmão Abel?". E Caim responde: "Não sei. Acaso sou o guarda do meu irmão?".[3] Essa pergunta também se dirige a nós, assim que também a nós fará bem perguntar: Acaso sou o guarda do meu irmão? Sim, tu és o guarda do teu irmão! Ser pessoa significa sermos guardas uns dos outros! Contudo, quando se quebra a harmonia, ocorre uma metamorfose: o irmão que devíamos guardar e amar se transforma em adversário a combater, a suprimir. Quanta violência surge a partir desse momento, quantos conflitos, quantas guerras marcaram a nossa história! Basta ver o sofrimento de tantos irmãos e irmãs. Não se trata de algo conjuntural, mas a verdade é esta: em toda violência e em toda guerra fazemos Caim renascer. Todos nós! E ainda hoje prolongamos essa história de confronto entre os irmãos, ainda hoje levantamos a mão contra quem é nosso irmão. Ainda hoje nos deixamos guiar pelos ídolos, pelo egoísmo, pelos nossos interesses; e essa atitude se faz mais aguda: aperfeiçoamos nossas armas, nossa consciência adormeceu, tornamos mais sutis as nossas razões para nos justificar. Como fosse uma coisa normal, continuamos a semear destruição, dor, morte! A violência e a guerra trazem somente morte, falam de morte! A violência e a guerra têm a linguagem da morte!

CULTO AO DEUS DO DINHEIRO

O que manda hoje não é o homem, mas o dinheiro, é o dinheiro que manda! E Deus, nosso Pai, confiou a tarefa de conservar a terra, não o dinheiro, a nós: aos homens e às mulheres; somos nós que temos essa tarefa! No entanto, homens e mulheres são sacrificados aos ídolos do lucro e do consumo: é a "cultura do descarte". Se um computador se quebra é uma tragédia, mas a pobreza, as necessidades e os dramas de numerosas pessoas acabam por ser normal. Se numa noite de inverno, na rua Ottaviano, por exemplo, uma pessoa morre, isso não é notícia. Se em muitas regiões do mundo há crianças que não têm o que comer, isso não é notícia, parece normal. Não pode ser assim! E, no entanto, essas situações entram na normalidade: que algumas pessoas desabrigadas morrem de frio na rua, isso não é notícia. Ao contrário, a diminuição de dez pontos na bolsa de valores de algumas cidades constitui uma tragédia. Alguém que morre não é notícia, mas se a bolsa de valores diminui dez pontos é uma tragédia! Assim as pessoas são descartadas, como se fossem lixo.

Essa "cultura do descarte" tende a se tornar a mentalidade comum, que contagia todos. A vida humana, a pessoa, já não é tida como um valor primário a respeitar e guardar, especialmente se é pobre ou deficiente, se ainda não é útil — como o nascituro — ou se deixou de servir — como o idoso. Essa cultura do descarte nos tornou insensíveis também aos desperdícios e aos restos alimentares, que são ainda mais repreensíveis quando em todas as partes do mundo, infelizmente, muitas pessoas e famílias sofrem devido à fome e à subalimentação. Outrora, os nossos avós prestavam muita atenção a não desperdiçar nada da comida que sobrava. O consumismo nos deixou acostumados com o supérfluo e o esbanjamento cotidiano de alimentos, aos quais às vezes já não somos capazes de atribuir o justo valor, que vai além dos meros parâmetros econômicos. Mas recordemos bem que a comida que se descarta é como se fosse roubada da mesa de quem é pobre, dos que têm fome! Convido todos a refletir sobre o problema da perda e do desperdício de alimentos, para encontrar caminhos e modos que, enfrentando seriamente esse problema, sejam veículo de solidariedade e de partilha com os mais necessitados.

A LEPRA DO CARREIRISMO

O que significa ter liberdade interior? Antes de tudo, significa ser livre de planos pessoais, de algumas das modalidades concretas mediante as quais talvez um dia tenhamos pensado viver o nosso sacerdócio, da possibilidade de planejar o futuro; da perspectiva de prolongar a permanência num "nosso" lugar de atividade pastoral. Significa se tornar livre, de certo modo, também em relação à cultura e à mentalidade da qual viemos, não para esquecer, e muito menos para renegá-la, mas para nos abrirmos, na caridade, à compreensão de culturas diferentes e ao encontro com homens pertencentes a mundos também muito distantes do nosso. Significa, principalmente, vigiar para ser livre de ambições ou metas pessoais, que fazem muito mal à Igreja, tendo o cuidado de pôr sempre em primeiro lugar não a nossa realização, ou o reconhecimento que poderíamos receber dentro e fora da comunidade eclesial, mas o bem superior da causa do Evangelho e o cumprimento da missão que nos foi confiada. Para mim é importante o fato de sermos livres de ambições ou metas pessoais! O carreirismo é uma lepra, uma lepra! Por favor: nada de carreirismo! Por esse motivo, devemos estar dispostos a integrar todas as nossas visões de Igreja, mesmo legítimas, cada ideia ou juízo pessoal, no horizonte do olhar de Pedro e da sua missão peculiar ao serviço da comunhão e da unidade do rebanho de Cristo, da sua caridade pastoral, que abraça o mundo inteiro e que, também graças à obra das representações pontifícias, quer se tornar presente, sobretudo nos lugares muitas vezes esquecidos, onde são maiores as necessidades da Igreja e da humanidade.

DESPOJAR O ESPÍRITO DO MUNDO

Na ocasião da minha visita a Assis para a festa de são Francisco, nos jornais, nos meios de comunicação, imaginavam-se coisas. "O papa irá despojar a Igreja, ali!". "Do que despojará a Igreja?" "Despojará as vestes dos bispos, dos cardeais; se despojará a si mesmo." Essa é uma boa ocasião para fazer um convite à Igreja a despojar-se. Mas todos nós somos Igreja! Todos! Desde o primeiro batizado, todos somos Igreja, e todos devemos caminhar pela estrada de Jesus, que percorreu Ele mesmo um caminho de despojamento. Tornou-se servo, servidor; quis ser humilhado até a cruz. E se nós quisermos ser cristãos, não há outro percurso. Mas não podemos fazer um cristianismo um pouco mais humano — dizem — sem cruz, sem Jesus, sem despojamento? Dessa forma nos tornaríamos cristãos de pastelaria, como lindos bolos, como boas coisas doces! Muito lindos, mas não cristãos verdadeiros! Alguém dirá: "Mas do que se deve despojar a Igreja?". Deve se despojar hoje de um perigo gravíssimo, que ameaça todas as pessoas na Igreja, todos: o perigo da *mundanidade*. O cristão não pode conviver com o espírito do mundo. A *mundanidade* que nos leva à vaidade, à prepotência, ao orgulho. E isso é um ídolo, não é Deus. É um ídolo! E a idolatria é o maior pecado!

Quando a mídia fala da Igreja, pensa que a Igreja são os padres, as freiras, os bispos, os cardeais e o papa. Mas a Igreja somos todos nós, como eu disse. E todos nós devemos despojar-nos dessa *mundanidade*: o espírito contrário ao espírito das bem-aventuranças, o espírito contrário ao espírito de Jesus. A *mundanidade* nos faz mal. É tão triste encontrar um cristão mundano, convicto — a seu ver — da certeza de que a fé lhe dá e certo da segurança que lhe oferece o mundo. Não se pode trabalhar nas duas partes. A Igreja — todos nós — deve se despojar da *mundanidade*, que a leva à vaidade, ao orgulho, que é a idolatria.

O próprio Jesus dizia: "Não se pode servir a dois senhores: ou serves Deus ou serves o dinheiro".[1] No dinheiro há todo esse espírito mundano; dinheiro, vaidade, orgulho, é um caminho... nós não podemos... é triste cancelar com uma mão o que escrevemos com a outra. O Evangelho é o Evangelho! Deus é único! E Jesus fez-se servo por nós e o espírito do mundo não tem lugar aqui. Hoje estou aqui convosco. Muitos de vocês foram despojados por esse mundo selvagem, que não dá trabalho, que não ajuda; ao qual não importa se há crianças que morrem de fome; não importa se tantas famílias não têm o que comer, não têm a dignidade de levar o pão para casa; não importa que tanta gente tenha que fugir da escravidão, da fome, em busca de liberdade. Com quanto sofrimento, muitas vezes, vemos que encontram a morte, como aconteceu em Lampedusa. Essas coisas são feitas pelo espírito do mundo. É muito ridículo que um cristão — um cristão verdadeiro —, um sacerdote, uma freira, um bispo, um cardeal, um papa, queira ir pelo caminho dessa *mundanidade*, que é uma atitude homicida. A *mundanidade* espiritual mata! Mata a alma! Mata as pessoas! Mata a Igreja!

9

A cultura do bem

LIBERDADE PARA ESCOLHER O BEM

Gostaria de dizer antes de tudo algo que se refere a santo Inácio de Loyola, fundador da Companhia de Jesus. No outono de 1537, vindo para Roma com um grupo dos seus primeiros companheiros, questionou: se nos perguntarem quem somos, o que responderemos? A resposta veio-lhe espontaneamente: "Diremos que somos a 'Companhia de Jesus'!".[1] Um nome importante, que queria indicar uma relação de amizade íntima, de um afeto total por Jesus, de quem queriam seguir os passos. Por que motivo narrei esse acontecimento? Porque santo Inácio e os seus companheiros tinham compreendido que Jesus lhes ensinava como viver bem, como realizar uma existência que tenha um sentido profundo, que suscite entusiasmo, alegria e esperança; tinham entendido que Jesus é um grande mestre e modelo de vida, e que não só ensinava, mas também os convidava a seguir por aquele caminho.

Caros jovens, se agora eu dirigisse a vocês esta pergunta: Por que vão para a escola? O que me responderiam? Provavelmente haveria muitas respostas, segundo a sensibilidade de cada um. Mas penso que se poderia resumir tudo, dizendo que a escola é um dos ambientes educativos no qual crescemos para aprender a viver, para nos tornarmos homens e mulheres adultos e maduros, capazes de caminhar, de percorrer a vereda da vida. Como a escola os ajuda a crescer? Ajuda não apenas no desenvolvimento da inteligência, mas para uma formação integral de todos os componentes da personalidade.

Seguindo aquilo que nos ensina santo Inácio, na escola o elemento principal consiste em aprender a ser magnânimo. A magnanimidade: essa virtude dos grandes e dos pequenos (*Non coerceri maximo contineri minimo, divinum est*), que nos faz fitar sempre o horizonte! O que quer dizer ser magnânimo? Significa ter um coração grande, ter grandeza de espírito, quer dizer ter grandes ideais, o desejo de realizar maravilhas para responder àquilo que Deus nos pede e, precisamente por isso, realizar bem as atividades de cada dia, todos os trabalhos cotidianos, os compromissos, os encontros com as pessoas; cumprir as pequenas tarefas de cada dia com um coração grande, aberto a Deus e ao próximo. Então, é importante cuidar da formação humana, destinada à magnanimidade. A escola não amplia apenas a sua dimensão intelectual, mas também a humana. E penso que de modo particular as escolas dos Jesuítas estão atentas a desenvolver as virtudes humanas: a lealdade, o respeito, a fidelidade e o compromisso. Gostaria de meditar sobre dois valores fundamentais: a liberdade e o serviço. Em primeiro lugar, sejam pessoas livres! O que quero dizer? Talvez pensemos que a liberdade consiste em fazermos tudo o que queremos; ou então, em aventurar-nos em experiências extraordinárias, para nos sentir inebriados e vencer o tédio. Isso não é liberdade. Liberdade quer dizer saber ponderar sobre o que fazemos, saber avaliar o que é bem e o que é mal, quais são os comportamentos que nos fazem crescer, quer dizer escolher sempre o bem. Somos livres para o bem. E nisso não tenham medo de ir contra a corrente, embora não seja fácil! Ser livre para escolher sempre o bem é algo exigente, mas fará de vocês pessoas dotadas de espinha dorsal, que sabem enfrentar a vida, pessoas com coragem e paciência (*parresia* e *ypomoné*).

A segunda palavra é serviço. Nas escolas participam de várias atividades que os habituam a não se fecharem em si mesmos, nem em seus pequenos mundos, mas a se abrirem aos outros, especialmente aos mais pobres e necessitados, a trabalhar para melhorar o mundo em que vivemos. Sejam homens e mulheres em conjunto com os outros e a favor dos outros, verdadeiros campeões no serviço ao próximo.

Para ser magnânimo com liberdade interior e espírito de serviço é necessária a formação espiritual. Queridos adolescentes e jovens, amem cada vez mais Jesus Cristo! A nossa vida é uma resposta ao seu chamado, e vocês serão felizes e construirão bem a sua vida, se souberem responder a esse chamado. Sintam a presença do Senhor na vida de vocês. Ele está perto de cada um como companheiro, como amigo, que sabe ajudar e compreender, que encoraja nos momentos difíceis e nunca os abandona. Na oração, no diálogo com Ele, na leitura da Bíblia, descobrirão que Ele está verdadeiramente próximo. E aprenderão também a interpretar os sinais de Deus nas suas vidas! Ele fala conosco sempre, também através dos acontecimentos da nossa época e da nossa existência de cada dia; cabe a nós ouvi-lo.

FOME DE DIGNIDADE

As pessoas mais simples podem dar para o mundo uma grande lição de solidariedade, que é uma palavra — essa palavra solidariedade —, é uma palavra frequentemente esquecida ou silenciada, porque é incômoda. Quase parece um palavrão... solidariedade! Queria lançar um apelo a todos os que possuem mais recursos, às autoridades públicas e a todas as pessoas de boa vontade comprometidas com a justiça social: não se cansem de trabalhar por um mundo mais justo e mais solidário! Ninguém pode permanecer insensível às desigualdades que ainda existem no mundo! Cada um, na medida das próprias possibilidades e responsabilidades, saiba dar a sua contribuição para acabar com tantas injustiças sociais! Não é, não é a cultura do egoísmo, do individualismo, que frequentemente regula a nossa sociedade, aquela que constrói e conduz a um mundo mais habitável; não é ela, mas, sim, a cultura da solidariedade; a cultura da solidariedade é ver no outro não um concorrente ou um número, mas um irmão. E todos nós somos irmãos!

Quero encorajar os esforços que a sociedade brasileira tem feito para integrar todas as partes do seu corpo, incluindo as mais sofridas e necessitadas, através do combate à fome e à miséria. Nenhum esforço de "pacificação" será duradouro, não haverá harmonia e felicidade para uma sociedade que ignora, que deixa à margem, que abandona na periferia parte de si mesma. Uma sociedade assim simplesmente empobrece a si mesma; antes, perde algo essencial para si mesma. Não deixemos, não deixemos entrar no nosso coração a cultura do descartável! Não deixemos entrar no nosso coração a cultura do descartável, porque nós somos irmãos. Ninguém é descartável! Lembremos sempre: somente quando se é capaz de compartilhar é que se enriquece de verdade; tudo aquilo que se compartilha se multiplica! Pensemos na multiplicação dos pães de Jesus! A medida da grandeza de uma sociedade é dada pelo modo como esta trata os mais necessitados, os que não têm outra coisa senão a sua pobreza!

Queria dizer-lhes também que a Igreja, "advogada da justiça e defensora dos pobres diante das intoleráveis desigualdades sociais e econômicas, que clamam ao céu",[1] deseja oferecer a sua colaboração em todas as iniciativas que signifiquem um autêntico desenvolvimento do homem todo e de todo o homem. Queridos amigos, certamente é necessário dar o pão a quem tem fome; é um ato de justiça. Mas existe também uma fome mais profunda, a fome de uma felicidade que só Deus pode saciar. Fome de dignidade. Não existe verdadeira promoção do bem comum, nem verdadeiro desenvolvimento do homem quando se ignoram os pilares fundamentais que sustentam uma nação, os seus bens imateriais: a *vida*, que é dom de Deus, um valor que deve ser sempre tutelado e promovido; a *família*, fundamento da convivência e remédio contra a desagregação social; a *educação integral*, que não se reduz a uma simples transmissão de informações com o fim de gerar lucro; a *saúde*, que deve buscar o bem-estar integral da pessoa, incluindo a dimensão espiritual, que é essencial para o equilíbrio humano e uma convivência saudável; a *segurança*, na convicção de que a violência só pode ser vencida a partir da mudança do coração humano.

Queria dizer uma última coisa, uma última coisa. Aqui, como em todo o Brasil, há muitos jovens. Hein, jovens! Vocês, queridos jovens, possuem uma sensibilidade especial frente às injustiças, mas muitas vezes se desiludem com notícias que falam de corrupção, com pessoas que, em vez de buscar o bem comum, procuram o seu próprio benefício. Também para vocês e para todas as pessoas repito: nunca desanimem, não percam a confiança, não deixem que se apague a esperança. A realidade pode mudar, o homem pode mudar. Procurem ser vocês os primeiros a praticar o bem, a não se acostumar ao mal, mas a vencê-lo com o bem. A Igreja está ao lado de vocês, trazendo o bem precioso da fé, de Jesus Cristo, que veio "para que todos tenham vida, e vida em abundância".[2]

COMPROMISSO COM A PAZ

Como responsáveis das várias religiões, podemos fazer muito. A paz é responsabilidade de todos. Rezar pela paz, trabalhar pela paz! O líder religioso é sempre um homem de paz, pois o mandamento da paz está inscrito nas profundezas das tradições religiosas que nós representamos. Mas o que podemos fazer? O encontro anual nos sugere um caminho: a coragem do diálogo, que incute esperança. No mundo e nas sociedades existe pouca paz, também porque falta diálogo e há dificuldade de sair do horizonte limitado dos interesses próprios, para se abrir a um confronto verdadeiro e sincero. Para que haja paz é preciso um diálogo persistente, paciente, forte e inteligente, para o qual nada está perdido. O diálogo pode vencer a guerra. O diálogo faz conviver pessoas de diferentes gerações, que muitas vezes se ignoram umas às outras; faz conviver cidadãos de diversas proveniências étnicas, de várias convicções. O diálogo é o caminho da paz, porque favorece o entendimento, a harmonia, a concordância e a paz. Por isso, é vital que cresça, que se dilate no meio de pessoas de todas as condições e convicções, como uma rede que protege o mundo e os mais frágeis.

Nós, líderes religiosos, somos chamados a sermos verdadeiros "dialogantes", a agir na construção da paz, e não como intermediários, mas como mediadores autênticos. Os intermediários procuram contentar todas as partes, com a finalidade de obter um lucro para si mesmos. O mediador, ao contrário, é aquele que nada reserva para si próprio, mas que se dedica generosamente, até se consumir, consciente de que o único lucro é a paz. Cada um de nós é chamado a ser um artífice da paz, unindo e não dividindo, extinguindo o ódio em vez de conservá-lo, abrindo caminhos de diálogo em vez de erguer novos muros! Dialogar, encontrar-se para instaurar no mundo a cultura do diálogo, a cultura do encontro.

POR UMA NOVA SOLIDARIEDADE

O que significa "reconsiderar a solidariedade?". Certamente não significa pôr em questão o magistério recente, mas demonstra cada vez mais a sua clarividência e atualidade. Parece que "reconsiderar" significa duas coisas: antes de tudo, conjugar o magistério com a evolução socioeconômica que, sendo constante e rápida, sempre apresenta aspectos novos; em segundo lugar, "reconsiderar" significa aprofundar, refletir posteriormente, para fazer sobressair toda a fecundidade de um valor — a solidariedade, nesse caso — que se inspira em profundidade no Evangelho, ou seja, em Jesus Cristo, e, portanto, contém potencial inexaurível.

A atual crise econômica e social torna ainda mais urgente esse "reconsiderar" e faz sobressair ainda mais a verdade e atualidade de afirmações do magistério social como a que lemos na *Laborem exercens*: "Lançando o olhar para toda a família humana... não é possível ficar sem se impressionar por um fato desconcertante de imensas proporções; ou seja, enquanto por um lado importantes recursos da natureza permanecem inutilizados, há por outro lado massas imensas de desempregados e subempregados e multidões enormes de famintos. É um fato que está a demonstrar... que existe alguma coisa que não está bem".[1] Trata-se de um fenômeno, o do desemprego — da falta e da perda de trabalho — que está se alastrando cada vez mais em amplas áreas do Ocidente e está fazendo aumentar de modo preocupante os limites da pobreza. E não há pobreza material pior, faço questão de o frisar, da que não permite ganhar o pão e priva da dignidade do trabalho. Mas esse "algo que não funciona" não diz respeito só ao sul do mundo, mas a todo o planeta. Eis então a exigência de "reconsiderar a solidariedade" não mais como simples assistência aos mais pobres, mas como reconsideração global de todo o sistema, como busca de vias para o reformar e corrigir de modo coerente com todos os direitos fundamentais do homem, de todos os homens. Essa palavra, solidariedade, não é bem vista pelo mundo economista — como se fosse um palavrão —, merece retomar sua merecida cidadania social. A solidariedade não é somente uma atitude, não é uma esmola social, é um valor social. E requer sua cidadania.

A crise atual não é só econômica e financeira, mas tem suas raízes numa crise ética e antropológica. Seguir os ídolos do poder, do lucro, do dinheiro, acima do valor da pessoa humana, se tornou norma fundamental de funcionamento e critério decisivo de organização. Esquecemos no passado e ainda hoje de que acima dos negócios, da lógica e dos parâmetros de mercado, está o ser humano e que algo se deve ao homem enquanto homem, em virtude da sua dignidade profunda: oferecer a possibilidade de viver dignamente e de participar de modo ativo do bem comum.

10

Maria, mãe da evangelização

O SEU EXEMPLO

Três palavras resumem a atitude de Maria: a escuta, a decisão e a ação; escuta, decisão e ação. Palavras que também indicam um caminho para nós diante daquilo que o Senhor nos pede na vida. Escuta, decisão e ação.

1. Escuta. De onde nasce o gesto de Maria, de ir visitar a sua parente Isabel? De uma palavra do Anjo de Deus: "Também Isabel, tua parente, concebeu um filho na sua velhice...".[1] Maria sabe ouvir a Deus. Atenção: não se trata de um simples "escutar", um ouvir superficial, mas é um "escutar" feito de atenção, de acolhimento e de disponibilidade a Deus. Não é o modo distraído com que às vezes nos pomos diante do Senhor ou perante os outros: escutamos as palavras, mas não ouvimos verdadeiramente. Maria está atenta a Deus, ouve Deus.

Mas Maria ouve também os acontecimentos, ou seja, lê os eventos da sua vida, está atenta à realidade concreta e não se limita à superfície, mas vai às profundezas, para compreender o seu significado. Sua parente, Isabel, que já é idosa, está grávida: esse é o acontecimento. Mas Maria está atenta ao significado, sabe compreendê-lo: "A Deus nada é impossível".[2]

Isso é válido também na nossa vida: escuta o que Deus nos fala, e escuta também a realidade cotidiana, atenção às pessoas, aos acontecimentos, porque o Senhor está à porta da nossa vida e bate de muitos modos, lançando sinais ao longo do nosso caminho; e nos dá a capacidade de vê-los. Maria é a Mãe da escuta, da escuta atenta de Deus e da escuta igualmente atenta dos acontecimentos da vida.

2. A segunda palavra: decisão. Maria não vive "apressada", ansiosa, mas, como são Lucas ressalta, "ponderava tudo no seu coração".[3] E também no momento decisivo da Anunciação do Anjo, Ela pergunta: "Como acontecerá isto?".[4] Mas não se detém nem sequer no momento da reflexão; dá um passo em frente: decide. Não vive apressadamente, mas só quando é necessário "vai com pressa". Maria não se deixa levar pelos acontecimentos, não evita o cansaço da decisão. E isso acontece também na escolha fundamental que mudará a sua vida: "Eis a serva do Senhor...",[5] como nas opções mais cotidianas, mas também ricas de significado. Vem ao meu pensamento o episódio das bodas de Caná:[6] também aqui se vê o realismo, a humanidade e a consistência de Maria, que permanece atenta aos acontecimentos e aos problemas; Ela vê e compreende a dificuldade daqueles dois jovens esposos aos quais vem a faltar o vinho da festa, medita e sabe que Jesus pode fazer algo, e assim decide dirigir-se ao Filho para que intervenha: "Eles já não têm vinho".[7] Decide.

Na vida é difícil tomar decisões, e muitas vezes tendemos a adiar, a deixar que outras pessoas decidam por nós, frequentemente preferimos nos deixar levar pelos acontecimentos, seguir a moda do momento; às vezes sabemos o que devemos levar a cabo, mas não temos a coragem de fazê-lo, ou nos parece muito difícil porque significa ir contra a corrente. Na Anunciação, na Visitação e nas bodas de Caná, Maria vai contra a corrente; Maria vai contra a corrente; põe-se à escuta de Deus, medita, procura compreender a realidade e decide confiar totalmente em Deus, e embora esteja grávida decide ir visitar a sua parente idosa, decide confiar no Filho com insistência para salvar a alegria das bodas.

3. A terceira palavra: ação. Maria saiu "apressadamente...".[8] No domingo passado sublinhei este modo de agir de Maria: não obstante as dificuldades, as críticas que terá recebido devido à sua decisão de partir, não se detém diante de nada. E assim vai "depressa". Na oração diante de Deus que fala, ponderando e meditando sobre os acontecimentos da sua vida, Maria não tem pressa, não se deixa levar pelo momento, não se deixa arrastar pelos eventos. Mas quando compreende claramente o que Deus lhe pede, o que deve levar a cabo, não hesita, não se atrasa, mas vai "depressa". Santo Ambrósio comenta: "A graça do Espírito Santo não permite demoras".[9] O agir de Maria é uma consequência da sua obediência às palavras do Anjo, mas unida à caridade: vai visitar Isabel para lhe ser útil; e nesse gesto de sair da sua casa, de sair de si mesma por amor, leva consigo aquilo que possui de mais precioso: Jesus; leva o Filho.

Às vezes, também nós nos limitamos à escuta, à reflexão sobre aquilo que deveríamos levar a cabo, e talvez compreendamos claramente a decisão que devemos tomar, mas não realizamos a passagem para a ação. E, sobretudo, não colocamos em jogo a nós mesmos, movendo-nos "depressa" rumo aos outros para lhes prestar a nossa ajuda, a nossa compreensão e a nossa caridade; para também levarmos, a exemplo de Maria, aquilo que possuímos de mais precioso e que recebemos, Jesus e o seu Evangelho, com a palavra e, sobretudo, com o testemunho concreto do nosso agir.

Maria, mulher da escuta, da decisão e da ação.

A SUA FÉ

Podemos nos perguntar: como foi a fé de Maria?

1. O primeiro elemento da sua fé é este: *a fé de Maria desata o nó*

do pecado.¹ Que significa isso? Os Padres conciliares [do Vaticano II] retomaram uma expressão de santo Ireneu, que diz: "O nó da desobediência de Eva foi desatado pela obediência de Maria; aquilo que a virgem Eva atara com a sua incredulidade, desatou-o a virgem Maria com a sua fé".²

Eis o "nó" da desobediência, o "nó" da incredulidade. Poderíamos dizer, quando uma criança desobedece à mãe ou ao pai, que se forma um pequeno "nó". Isso acontece, se a criança se dá conta do que faz, especialmente se há no meio uma mentira; naquele momento, não confia na mãe e no pai. Sabem que isso acontece tantas vezes! Então a relação com os pais precisa tratar dessa falha e, de fato, se pede desculpa para que haja de novo harmonia e confiança. Algo parecido acontece no nosso relacionamento com Deus. Quando não O escutamos, não seguimos a Sua vontade e realizamos ações concretas em que demonstramos falta de confiança Nele — e isso é o pecado —, forma-se uma espécie de nó dentro de nós. E esses nós nos tiram a paz e a serenidade. São perigosos, porque de vários nós pode resultar um emaranhado, que vai se tornando cada vez mais trabalhoso e difícil de desatar.

Mas, para a misericórdia de Deus — sabemos bem —, nada é impossível! Mesmo os nós mais complicados se desatam com a Sua graça. E Maria, que, com o seu "sim", abriu a porta a Deus para desatar o nó da desobediência antiga, é a mãe que, com paciência e ternura, nos leva a Deus, para que Ele desate os nós da nossa alma com a sua misericórdia de Pai. Cada um possui alguns desses nós, e podemos perguntar dentro do nosso coração: Quais são os nós que existem na minha vida? "Padre, os meus nós não podem ser desatados!" Não, isso está errado! Todos os nós do coração, todos os nós da consciência podem ser desatados. Para mudar, para desatar os nós, peço a Maria que me ajude a ter confiança na misericórdia de Deus? Ela, mulher de fé, certamente nos dirá: "Segue adiante, vai até ao Senhor: Ele te entende". E Ela nos leva pela mão, Mãe, até o abraço do Pai, do Pai da misericórdia.

2. Segundo elemento: *a fé de Maria dá carne humana a Jesus*. Diz o Concílio: "Acreditando e obedecendo, [Maria] gerou na terra, sem ter conhecido varão, por obra e graça do Espírito Santo, o Filho do eterno Pai".[3] Esse é um ponto em que os Padres da Igreja insistiram muito: Maria primeiro concebeu Jesus *na fé* e, depois, *na carne*, quando disse "sim" ao anúncio que Deus lhe dirigiu através do Anjo. Que significa isso? Significa que Deus não quis fazer-Se homem, ignorando a nossa liberdade, mas quis passar através do livre consentimento de Maria, através do seu "sim". Deus pediu: "Estás disposta a fazer isto?". E Ela disse: "Sim".

Entretanto aquilo que aconteceu de uma forma única na Virgem Mãe, sucede em nível espiritual também em nós, quando acolhemos a Palavra de Deus com um coração bom e sincero, e a pomos em prática. É como se Deus tomasse carne em nós: Ele vem habitar em nós, porque faz morada naqueles que O amam e observam a Sua Palavra. Não é fácil entender isso, mas, sim, é fácil senti-lo no coração.

Pensamos que a encarnação de Jesus é um fato apenas do passado, que não nos toca pessoalmente? Crer em Jesus significa oferecer-Lhe a nossa carne, com a humildade e a coragem de Maria, para que Ele possa continuar a habitar no meio dos homens; significa oferecer-Lhe as nossas mãos, para acariciar os pequeninos e os pobres; os nossos pés, para ir ao encontro dos irmãos; os nossos braços, para sustentar quem é fraco e trabalhar na vinha do Senhor; a nossa mente, para pensar e fazer projetos à luz do Evangelho; e, sobretudo, o nosso coração, para amar e tomar decisões de acordo com a vontade de Deus. Tudo isso acontece graças à ação do Espírito Santo. E assim, somos os instrumentos de Deus para que Jesus possa atuar no mundo por meio de nós.

3. E o último elemento é *a fé de Maria como caminho*: o Concílio afirma que Maria "avançou pelo caminho da fé".[4] Por isso, Ela *nos precede nesse caminho*, nos acompanha, nos sustenta.

Em que sentido a fé de Maria foi um caminho? No sentido de que toda a sua vida foi seguir o seu Filho: Ele — Jesus — é a estrada,

Ele é o caminho! Progredir na fé, avançar nessa peregrinação espiritual que é a fé, não é senão seguir a Jesus; ouvi-Lo e deixar-se guiar pelas Suas palavras; ver como Ele se comporta e pôr os pés nas Suas pegadas, ter os próprios sentimentos e atitudes Dele. E quais são os sentimentos e as atitudes de Jesus? Humildade, misericórdia, solidariedade, mas também firme repulsa da hipocrisia, do fingimento, da idolatria. O caminho de Jesus é o do amor fiel até o fim, até o sacrifício da vida: é o caminho da cruz. Por isso, o caminho da fé passa através da cruz, e Maria compreendeu desde o princípio, quando Herodes queria matar Jesus recém-nascido. Mas, depois, essa cruz se tornou mais profunda, quando Jesus foi rejeitado: Maria estava sempre com Jesus, seguia Jesus no meio do povo, escutava as fofocas, o ódio daqueles que não queriam bem ao Senhor. E Ela levou essa cruz! Então a fé de Maria enfrentou a incompreensão e o desprezo. Quando chegou a "hora" de Jesus, ou seja, a hora da paixão, então a fé de Maria foi a chamazinha na noite: aquela chamazinha no meio da noite. Na noite de sábado santo, Maria esteve de vigia. A sua chamazinha, pequena mas clara, esteve acesa até o alvorecer da Ressurreição; e quando lhe chegou a notícia de que o sepulcro estava vazio, no seu coração alastrou a alegria da fé, a fé cristã na morte e ressurreição de Jesus Cristo. Porque a fé sempre nos traz alegria, e Ela é a Mãe da alegria: que Ela nos ensine a caminhar por essa estrada da alegria e viver essa alegria! Este é o ponto culminante — essa alegria, esse encontro entre Jesus e Maria —, imaginemos como foi... Esse encontro é o ponto culminante do caminho da fé de Maria e de toda a Igreja. Como está a nossa fé? É como a de Maria, acesa mesmo nos momentos difíceis, de escuridão? Senti a alegria da fé?

A SUA INTERCESSÃO

Na cruz, quando Cristo suportava em sua carne o dramático encontro entre o pecado do mundo e a misericórdia divina, pôde ver a Seus pés a presença consoladora da Mãe e do amigo. Naquele momento crucial, antes de declarar consumada a obra que o Pai Lhe havia confiado, Jesus disse a Maria: "Mulher, eis o teu filho!". E, logo a seguir, disse ao amigo bem-amado: "Eis a tua mãe!".[1] Essas palavras de Jesus, no limiar da morte, não exprimem primariamente uma terna preocupação por sua Mãe; mas são, antes, uma fórmula de revelação que manifesta o mistério de uma missão salvadora especial. Jesus nos deixava a Sua Mãe como nossa Mãe. E só depois de fazer isso é que Jesus pôde sentir que "tudo se consumara".[2] Ao pé da cruz, na hora suprema da nova criação, Cristo nos conduz a Maria; nos conduz a Ela, porque não quer que caminhemos sem uma mãe; e, nesta imagem materna, o povo lê todos os mistérios do Evangelho. Não é do agrado do Senhor que falte à sua Igreja o ícone feminino. Ela, que O gerou com tanta fé, também acompanha "o resto da sua descendência, isto é, os que observam os mandamentos de Deus e guardam o testemunho de Jesus".[3] Essa ligação íntima entre Maria, a Igreja e cada fiel, enquanto de maneira diversa geram Cristo, foi maravilhosamente expressa pelo Beato Isaac da Estrela: "Nas Escrituras divinamente inspiradas, o que se atribui em geral à Igreja, virgem e mãe, aplica-se em especial à Virgem Maria [...]. Além disso, cada alma fiel é igualmente, a seu modo, esposa do Verbo de Deus, mãe de Cristo, filha e irmã, virgem e mãe fecunda. [...] No tabernáculo do ventre de Maria, Cristo habitou durante nove meses; no tabernáculo da fé da Igreja, permanecerá até o fim do mundo; no conhecimento e amor da alma fiel habitará pelos séculos dos séculos".

Maria é aquela que sabe transformar um curral de animais na casa de Jesus, com uns pobres paninhos e uma montanha de ternura. Ela é a serva humilde do Pai, que transborda de alegria no louvor. É a amiga sempre solícita para que não falte o vinho na nossa vida. É aquela que tem o coração trespassado pela espada, que compreende todas as penas. Como Mãe de todos, é sinal de esperança para os povos que sofrem as dores do parto até que germine a justiça. Ela é a missionária que Se aproxima de nós, para nos acompanhar ao longo da vida, abrindo os corações à fé com o Seu afeto materno. Como uma verdadeira mãe, caminha conosco, luta conosco e nos aproxima incessantemente do amor de Deus. Através dos diferentes títulos marianos, geralmente ligados aos santuários, compartilha as vicissitudes de cada povo que recebeu o Evangelho e entra a formar parte da sua identidade histórica. Muitos pais cristãos pedem o batismo para seus filhos num santuário mariano, manifestando, assim, a fé na ação materna de Maria que gera novos filhos para Deus. É lá, nos santuários, que se pode observar como Maria reúne ao seu redor os filhos que, com grandes sacrifícios, vêm peregrinos para A ver e deixar-se olhar por Ela. Lá encontram a força de Deus para suportar os sofrimentos e as fadigas da vida. Como a são João Diego, Maria oferece-lhes a carícia da sua consolação materna e diz: "Não se perturbe o teu coração. [...] Não estou aqui eu, que sou tua Mãe?".

À Mãe do Evangelho vivente, pedimos a sua intercessão a fim de que este convite para uma nova etapa da evangelização seja acolhido por toda a comunidade eclesial. Ela é a mulher de fé, que vive e caminha na fé, e "a sua excepcional peregrinação da fé representa um ponto de referência constante para a Igreja". Ela deixou-Se conduzir pelo Espírito, através dum itinerário de fé, rumo a uma destinação feita de serviço e fecundidade. Hoje fixamos n'Ela o olhar, para que nos ajude a anunciar a todos a mensagem de salvação e para que os novos discípulos se tornem produtivos evangelizadores. Nessa peregrinação evangelizadora, não faltam as fases de aridez, de ocultação e até de um certo cansaço, como as que viveu Maria nos anos de Nazaré enquanto Jesus crescia: "Este é o início do Evangelho, isto é, da boa-nova, da jubilosa nova. Não é difícil, porém, perceber naquele início um particular aperto do coração, unido a uma espécie de 'noite da fé'" — para usar as palavras de são João da cruz — "como que um 'véu' através do qual é forçoso aproximar-se do Invisível e viver na intimidade com o mistério. Foi desse modo efetivamente que Maria, durante muitos anos, permaneceu na intimidade com o mistério do seu Filho, e avançou no seu itinerário de fé".

Há um estilo mariano na atividade evangelizadora da Igreja. Porque sempre que olhamos para Maria, voltamos a acreditar na força revolucionária da ternura e do afeto. Nela, vemos que a humildade e a ternura não são virtudes dos fracos, mas dos fortes, que não precisam maltratar os outros para se sentir importantes. Olhando para Ela, descobrimos que aquela que louvava a Deus porque "derrubou os poderosos de seus tronos" e "aos ricos despediu de mãos vazias"[4] é a mesma que assegura o aconchego dum lar à nossa busca de justiça. E é a mesma também que conserva cuidadosamente "todas estas coisas ponderando-as no seu coração".[5] Maria sabe reconhecer os vestígios do Espírito de Deus tanto nos grandes acontecimentos como naqueles que parecem imperceptíveis. É contemplativa do mistério de Deus no mundo, na história e na vida diária de cada um e de todos. É a mulher que ora e trabalha em Nazaré, mas é também nossa Senhora da prontidão, a que sai "à pressa"[6] da sua povoação para ir ajudar os outros. Essa dinâmica de justiça e ternura, de contemplação e de caminho para os outros faz Dela um modelo eclesial para a evangelização. Pedimos-Lhe que nos ajude, com a sua oração materna, para que a Igreja se torne uma casa para muitos, uma mãe para todos os povos, e torne possível o nascimento dum mundo novo. É o Ressuscitado que nos diz, com uma força que nos enche de imensa confiança e firmíssima esperança: "Eu renovo todas as coisas".[7] Com Maria, avançamos confiantes para essa promessa.

Sobre o papa Francisco

1936 17 de dezembro. Jorge Mario Bergoglio nasce em Buenos Aires de uma família de emigrantes italianos. Seu pai, Mario, era contador das ferroviárias e sua mãe, Regina Sivori, dona de casa. Jorge foi o primeiro de cinco filhos: Oscar, Marta, Alberto e María Elena.

1957 Após se formar como um especialista em química, escolhe o caminho do sacerdócio e entra no seminário diocesano em Villa Devoto.

1958 11 de março. Entra para a Companhia de Jesus como noviço e, dois anos mais tarde (12 de março de 1960), faz os primeiros votos.

1963 Após completar seus estudos clássicos em Santiago, Chile, retornou à Argentina, onde se formou em filosofia na Faculdade de San José San Miguel.

1964-1966	Leciona literatura e psicologia em Santa Fé e, em seguida, em Buenos Aires.
1969	13 de dezembro. Ordenado sacerdote.
1970	Completa os estudos teológicos; se forma na faculdade de San José.
1973	22 de abril. Faz a profissão perpétua. 31 de julho. Depois de ser consultor, se torna superior provincial dos jesuítas na Argentina.
1980	Nomeado reitor do Colégio de São José, onde permanece até 1986. Deixa o posto para estudar teologia na Alemanha, para pesquisar sua tese de doutorado que seria sobre Romano Guardini. No entanto, é obrigado a interromper seus estudos na Alemanha ao ser chamado por seus superiores de volta à Argentina para outras posições. Como sacerdote, ele exerce o seu ministério em uma paróquia de Córdoba.
1992	20 de maio. Depois de servir por vários anos, é nomeado pelo papa João Paulo II bispo auxiliar de Buenos Aires, serve em proximidade ao cardeal Antonio Quarracino, de quem recebe, em 27 de junho, a ordenação episcopal. Escolhe como lema "Miserando atque elegendo" ("Olhou-o com misericórdia e o escolheu") e no emblema insere o símbolo IHS da Companhia de Jesus.
1993	21 de dezembro. Nomeado vigário geral da arquidiocese.

1997	3 de junho. Promovido a Arcebispo Coadjutor de Buenos Aires.
1998	28 de fevereiro. Após a morte do cardeal Quarracino, assume o comando da arquidiocese, tornando-se também o primaz da Argentina.
2001	21 de fevereiro. Nomeado cardeal pelo papa João Paulo II.
2005	Participa do conclave que elegeu o papa Bento XVI.
2013	11 de fevereiro. Bento XVI anuncia sua intenção de deixar o papado no dia 28 do mesmo mês. 13 de março. Eleito papa, escolhe o nome de Francisco: o primeiro papa latino-americano, o primeiro papa, jesuíta, o primeiro papa com o nome de Francisco. 7 de abril. Empossado como Bispo de Roma sobre a "Cathedra Romana". 24 de junho. Estabelece uma comissão Pontifícia sobre o Instituto para as Obras de Religião (IOR). 29 de junho. Publica sua primeira encíclica *Lumen fidei*, completando o documento que havia herdado de Bento XVI. 8 de julho. Completa visita apostólica histórica para a ilha de Lampedusa. 22-29 de julho. Participa da Jornada Mundial da Juventude, no Rio de Janeiro, Brasil. 22 de setembro. Visita Pastoral em Cagliari. 28 de setembro. Estabelece o "Conselho dos Cardeais", com a tarefa de ajudar no governo da Igreja universal e para iniciar o processo de revisão da Constituição Apostólica *Pastor Bonus* sobre a Cúria Romana.

4 de outubro. Visita Pastoral em Assis.

24 de novembro. Publica a Exortação Apostólica *Evangelii gaudium*.

2014 22 de fevereiro. Convoca um consistório para ordenar novos cardeais.

Notas

1. A NOVIDADE DE CRISTO [pp. 11-24]

O ABRAÇO DA MISERICÓRDIA DE DEUS

1. João 20, 19-28
2. Cf. *Glaubenserkenntnis*, Würzburg, 1949, p. 28
3. Cf. Deuteronômio 32, 13
4. *Sobre o Cântico dos Cânticos* 61, 4
5. *Sobre o Cântico dos Cânticos* 61, 5
6. Romanos 5, 20
7. *Sobre o Cântico dos Cânticos* 61, 5

A MENSAGEM CRISTÃ

1. Cf. Lucas 24, 1-3
2. Cf. Lucas 24, 4
3. Lucas 24, 5-6
4. Cf. Números 14, 21-28; Deuteronômio 5, 26; Josué 3, 10

2. UMA IGREJA POBRE PARA OS POBRES [pp. 25-38]

OUVIR O CLAMOR DOS POBRES

1. Êxodo 3, 7-8, 10
2. Juízes 3, 15
3. Deuteronômio 15, 9
4. Eclesiástico 4, 6
5. 1 João 3, 17
6. Tiago 5, 4
7. Marcos 6, 37
8. Filipenses 2, 5

CASA DE COMUNHÃO

1. *Compêndio do Catecismo da Igreja Católica*, n. 161
2. Efésios 4, 1-3
3. Cf. Efésios 4, 4-6

CASA QUE ACOLHE A TODOS

1. Cf. Atos dos Apóstolos 9, 13.32.41; Romanos 8, 27; 1 Coríntio 6, 1
2. Efésios 5, 25-26
3. Cf. Mateus 16, 18
4. Cf. Marcos 1, 24
5. Cf. Mateus 28, 20
6. Cf. Const. Dogm. *Lumen Gentium*, 39-42

ENVIADA PARA LEVAR O EVANGELHO A TODO O MUNDO

1. Cf. Marcos 3, 13-19
2. Efésios 2, 19-20
3. *Catecismo da Igreja Católica* n. 857
4. Mateus 28, 19-20

3. EM SINTONIA COM O ESPÍRITO [pp. 39-45]

SER GUIADO PELO ESPÍRITO SANTO

1. João 16, 13
2. Cf. João 14, 17; 15, 26; 16, 13
3. João 18, 37.38
4. João 1, 1.14
5. 1 Coríntios 12, 3
6. Cf. João 14, 26
7. Ezequiel 36, 25-27
8. João 16, 13
9. Cf. Const. Dogm. *Lumen gentium*, 12
10. Lucas 2, 19.51

NOVIDADE, HARMONIA, MISSÃO

1. Atos dos Apóstolos 2, 1-11.
2. Cf. 2 João 9
3. João 14, 16

4. O ANÚNCIO E O TESTEMUNHO [pp. 47-58]

NÃO TER MEDO

1. Atos dos Apóstolos 5, 12-42
2. Atos dos Apóstolos 5, 29-32
3. Atos dos Apóstolos 5, 41
4. Cf. Atos dos Apóstolos 5, 28

LEVAR A PALAVRA DE DEUS

1. João 21, 18
2. João 21, 12
3. Cf. Apocalipse 5, 11-14

CHAMADOS PARA ANUNCIAR O EVANGELHO

1. João 15, 16

2. Cf. Marcos 3, 14
3. João 15, 16
4. João 15, 4
5. *Mother Instructions*, I, p. 80
6. Cf. Lucas 12, 34
7. Cf. Mateus 28, 19
8. Gálatas 4, 19
9. Cf. Lucas 24, 13-35

COMUNICAR ESPERANÇA E ALEGRIA

1. Cf. Apocalipse 12, 13a. 15-16a

ENTREGAR TUDO

1. Cf. Romanos 8, 27
2. Filipenses 2, 6-11
3. Atos dos Apóstolos 20, 28
4. João 21, 17
5. I Pedro 5, 2-3
6. João 10, 16
7. Cf. Isaías 2, 2-5

5. CRISTÃOS O TEMPO TODO [pp. 59-68]

SAIRMOS DE NÓS MESMOS

1. Mateus 8, 20
2. Cf. Isaías 53, 12
3. Gálatas 2, 20
4. Marcos 8, 33

TOMAR A CRUZ

1. Lucas 19, 38
2. Cf. Lucas 19, 39-40
3. Cf. Isaías 50, 6

EVANGELIZAR
1. 1 Coríntios 9, 16
2. Exort. ap. *Evangelii nuntiandi*, 14
3. Exort. ap. *Evangelii nuntiandi*, 75
4. Atos dos Apóstolos 2,3-4
5. Atos dos Apóstolos 2, 11
6. Atos dos Apóstolos 2, 5
7. Cf. Atos dos Apóstolos 2, 6
8. Gênesis 11, 4
9. Cf. Romanos 5, 5
10. João 13, 34-35
11. Atos dos Apóstolos 2, 14
12. Atos dos Apóstolos 2, 29
13. Exort. ap. *Evangelii nuntiandi*, 80

6. PASTORES COM O CHEIRO DAS OVELHAS [pp. 69-78]

O QUE SIGNIFICA SER PASTOR
1. 1 Pedro 5, 2
2. Cf. João 10, 11
3. Conc. Ecum Vat. II, *Lumen gentium*, 27
4. *In Io. E tract.* 123, 5: PL 35, 1967
5. Apocalipse 2, 7
6. Cf. João Paulo II, *Pastores gregis*, 31
7. Diretório *Apostolorum Successores*, 161

LEVAR A UNÇÃO AO POVO
1. Salmos 133, 2
2. Cf. Êxodo 28, 6-14
3. Cf. Êxodo 28, 21
4. Cf. Lucas 8, 42

7. A ESCOLHA DOS ÚLTIMOS [pp. 79-86]

A PERIFERIA DA EXISTÊNCIA

1. Cf. Marcos 16, 15
2. Cf. Apocalipse 3, 20

ACOLHER E SERVIR

1. Mateus 10, 8

OS REFUGIADOS

1. Mateus 25, 31-46

8. DEMOLIR OS ÍDOLOS [pp. 87-92]

A LÓGICA DO PODER E DA VIOLÊNCIA

1. Gênesis 3, 10
2. Gênesis 3, 12
3. Gênesis 4, 9

DESPOJAR O ESPÍRITO DO MUNDO

1. Cf. Mateus 6, 24

9. A CULTURA DO BEM [pp. 93-9]

LIBERDADE PARA ESCOLHER O BEM

1. *Fontes Narrativi Societatis Iesu*, vol. 1, pp. 320-322

FOME DE DIGNIDADE

1. *Documento di Aparecida*, 395
2. João 10, 10

POR UMA NOVA SOLIDARIEDADE

1. *Laborem exercens* (n. 18)

10. MARIA, MÃE DA EVANGELIZAÇÃO [pp. 101-9]

O SEU EXEMPLO

1. Lucas 1, 36
2. Lucas 1, 37
3. Lucas 2, 19.51
4. Lucas 1, 34
5. Cf. Lucas 1, 38
6. Cf. João 2, 1-11
7. João 2, 3
8. Cf. Lucas 1, 39
9. *Expos. Evang. sec. Lucam*, II, 19: *PL* 15, 1560

A SUA FÉ

1. Cf. Conc. Ecum. Vat. II, Cost. Dogm. *Lumen gentium*, 56
2. *Adversus Haereses* III, 22, 4
3. Cost. Dogm. *Lumen gentium*, 63
4. Cost. Dogm. *Lumen gentium*, 58

A SUA INTERCESSÃO

1. João 19, 26-27
2. João 19, 28
3. Apocalipse 12, 17
4. Lucas 1, 52.53
5. Lucas 2, 19
6. Lucas 1, 39
7. Apocalipse 21, 5

TIPOGRAFIA Adriane por Marconi Lima
DIAGRAMAÇÃO Verba Editorial
PAPEL Alta Alvura
IMPRESSÃO Geográfica, março de 2016

A marca FSC® é a garantia de que a madeira utilizada na fabricação do papel deste livro provém de florestas que foram gerenciadas de maneira ambientalmente correta, socialmente justa e economicamente viável, além de outras fontes de origem controlada.